Ben Klarstein

Die 7 Säulen der Persönlichkeitsentwicklung

Mit den Powermethoden aus der Psychologie zur besten Version Ihrer Selbst - Entfalten Sie das volle Potential Ihres Mindsets (inkl. Übungen & Workbook)

INHALT

Vorwort

Wer sind Sie eigentlich? Gewiss beinhaltet die Antwort auf diese Frage Ihren Vor- und auch Ihren Nachnamen. Möglicherweise fügen Sie auch noch Informationen über Ihren Wohnort oder Ihr Heimatland hinzu und Sie verraten am Ende vielleicht auch noch Ihr Alter. Aber wenn ich Sie frage, wer Sie sind, möchte ich all diese Antworten gar nicht hören. Ich möchte durch Ihre Antwort viel mehr etwas darüber erfahren, wer Sie tief in Ihrem Inneren sind. Der Großteil der Menschen befasst sich mit dieser Frage eher selten, andere wiederum werden sich diese wahrscheinlich niemals in ihrem Leben stellen. Fakt ist jedoch, dass diese Frage und die Antwort darauf sehr wichtig sind.

Jede Person weiß selbst am besten, wer sie gerade in diesem Moment ist. Spricht man über den Istzustand, so weiß die befragte Person am besten über sich selbst Bescheid. Tatsache ist, dass man die eigene Zukunft nur planen kann, wenn man selbst weiß, wer man ist. Wenn man dazu in der Lage ist, kann man den eigenen Sollzustand bestimmen und den Weg dorthin bestreiten. Meine nächste Frage an Sie lautet: „Wer möchten Sie sein?" An dieser Stelle brauchen Sie darauf jedoch noch keine Antwort zu suchen, das können Sie zu einem späteren Zeitpunkt tun. Max De Pree sagte einmal Folgendes:

„Wir können nicht zu dem werden, was wir sein möchten,
indem wir das bleiben, was wir sind."

Leider ist es so, dass den meisten Menschen die nötige Motivation fehlt, ihr eigenes Leben zu verändern und damit an sich beziehungsweise mit sich zu arbeiten. Oftmals bremsen uns Selbstzweifel und die mangelnde Zeit aus – wir schaffen es nicht an uns selbst zu arbeiten. Manchmal, oder eher gesagt ziemlich oft sogar, ist es die Bequemlichkeit, welche uns im Wege steht. Natürlich will der Mensch etwas verändern, aber er kann sich eigentlich auch damit abfinden, wie die aktuelle Lage gerade ist: „Damit muss man sich einfach arrangieren." Das ist allerdings eine große Schwäche und ist zudem auch sehr ungesund. Jeder Mensch ist dazu fähig, etwas für sich selbst oder vielleicht auch für die Welt zu verändern. Stellen Sie sich einmal vor, dass jeder Mensch die Möglichkeit bekommt, seine eigene Persönlichkeit frei zu entfalten. Was wäre die Welt nicht für ein besserer und harmonischerer Ort?! Möglicherweise wären die Menschen dann auch eher dazu geneigt, friedlich miteinander zu leben, denn jeder hat seinen inneren Frieden und trägt damit auch die Ruhe und Gelassenheit nach außen.

Dieses Buch wird sich mit den zwölf Säulen der Persönlichkeitsentwicklung beschäftigen. Sie werden erfahren, wie Sie sich selbst motivieren können, um an sich und mit sich selbst zu arbeiten und so tatsächlich etwas zu verändern.

In den nächsten Kapiteln werden Sie erfahren, was das Wort „Persönlichkeit" bedeutet und wie man diese entwickeln kann. Außerdem werden wir uns auf den nächsten Seiten damit befassen, warum die Entwicklung der menschlichen Persönlichkeit so wichtig ist und wo diese überhaupt anfängt. Anhand zahlreicher Beispiele möchte ich Ihnen einige Entwicklungsprozesse näherbringen. Zudem stelle ich Ihnen auch einige Übungen vor, welche Sie ganz einfach umsetzen können. Die Entwicklung der eigenen Persönlichkeit ist eine Reise durch das eigene Leben. Das Wissen in diesem Buch soll Ihnen dabei helfen, das Bestmögliche aus sich selbst herauszuholen. An dieser Stelle wünsche ich Ihnen maximale Erfolge.

Kapitel 1: Was ist Persönlichkeit?

Damit ein Mensch seine eigene Persönlichkeit ganz bewusst in eine andere bzw. neue Richtung lenken kann, muss dieser zunächst einmal ein Bewusstsein dafür haben, wer er selbst ist. Hierzu gehört auch, dass man selbst gute Kenntnisse bezüglich des Begriffes „Persönlichkeit" hat. Wer nicht weiß, was sich hinter diesem Konzept verbirgt, wird daran auch nicht arbeiten können.

Die Persönlichkeit eines Menschen ist das, was ihn als Individuum kennzeichnet und ausmacht. Hier gehören die körperlichen Ausprägungen sowie die Denkmuster und Handlungsweisen, eigene Überzeugungen und Werte, aber auch die Wünsche und Emotionen des Menschen dazu. All diese Faktoren ergeben das ganze Erscheinungsbild eines Menschen, welches sich bei jedem anders zeigt. So gesehen können wir uns die menschliche Persönlichkeit auch als eine Art Puzzle vorstellen. Jeder der genannten Faktoren ist dabei ein Puzzleteil. Setzen wir all diese Teile zusammen, erhält man ein klares Bild von sich selbst.

Tatsache ist aber auch, dass sich alle Bereiche noch einmal in kleinere Stücke unterteilen. Verändern sich die Teile auf irgendeine Weise oder fehlen vielleicht sogar, kann das Puzzle nicht endgültig zusammengesetzt werden. Genauso ist es auch mit der Persönlichkeit eines Menschen. Fühlt sich jemand mit einem Bereich nicht im Reinen, weil vielleicht gerade dieser Teil fehlt oder die Person unglücklich ist, wird sich dies immer wieder auf die Persönlichkeit auswirken.

Mithilfe dieses Buches können auch Sie die fehlenden Puzzleteile finden, schauen, ob und wo sie vielleicht falsch angelegt wurden, und diese am Ende zurechtrücken, um dann stolz das Ergebnis präsentieren zu können. Wichtig ist aber, dass Sie stets im Hinterkopf behalten, dass auch ein richtiges Puzzle nicht in nur zehn Minuten gelöst werden kann. Damit möchte ich sagen, dass Sie Ihren eigenen Charakter und Ihre Eigenschaften nicht von einem auf den anderen Tag verändern können. Vielmehr ist die Entwicklung der Persönlichkeit ein Prozess, welcher Zeit braucht. Manchmal kann es auch notwendig sein, einen oder mehrere Schritte rückwärtszugehen, da etwas korrigiert werden muss. Wenn man die Lösung letztendlich gefunden hat, kann man auch weitergehen und die neuen Teile anlegen.

Nach und nach können Sie dann auch feststellen, wie sich alles zu einem großen Gesamtbild entwickelt, die einzelnen Stücke ineinandergreifen und sich nahezu perfekt zusammenfügen.

Es ist auch wichtig, nicht bei anderen Menschen abzuschauen. Wir Menschen sind alle Individuen und haben demnach eigene Teile und auch eigene Lösungen. Vielleicht kennen auch Sie einen Freund oder einen Bekannten, der beim Puzzeln zunächst den Rand legt, oder eine andere Person, welche direkt mit der Mitte beginnt. Sie sehen, dass es nicht viel bringt, auf andere zu schauen und somit die Puzzleteile tauschen zu wollen. Nicht ausgeschlossen ist aber, dass Sie sich von anderen Hilfe holen können, sollten Sie einmal nicht weiterwissen. Manchmal sucht man die Nadel im Heuhaufen, doch diese lässt sich bekanntlich nur sehr schwer finden, besonders dann, wenn man allein danach sucht. Damit möchte ich sagen, dass jeder Mensch manchmal einen anderen braucht, der mit ihm gemeinsam im Heu herumwühlt, um die Nadel bzw. den richtigen Weg zu finden.

1.1 WIE ENTWICKELT MAN EINE PERSÖNLICHKEIT?

Was Persönlichkeit ist, haben Sie bereits erfahren. Doch das Wissen um den Begriff allein reicht nicht aus, wenn man seine eigene Persönlichkeit tatsächlich weiterentwickeln möchte. Wer genau das vorhat, muss auch verstehen, was die Entwicklung der eigenen Persönlichkeit überhaupt ist.

Persönlichkeitsentwicklung bedeutet:

- Flexibler mit Schwierigkeiten umgehen zu können
- Ein starker und robuster Mensch zu werden
- Eine gesunde Unabhängigkeit von anderen Menschen zu entwickeln
- Ein offener Mensch sein zu können, ohne angreifbar zu werden
- Sich verschiedene Fähigkeiten und Fertigkeiten anzueignen
- Zu lernen, sich Krisen oder Problemen zu stellen und sie auch optimal zu lösen
- Sich selbst kennenzulernen und zu verstehen
- Daran zu arbeiten, die eigenen Kräfte besser einzusetzen
- Zu lernen, selbstwirksamer zu sein

Wie Sie sehen, ist die Liste ziemlich lang. Wahrscheinlich stellen Sie sich nun die Frage, ob man all diese Punkte abhaken muss, um seine Persönlichkeit besonders gut zu entwickeln. Natürlich kommt hierbei auch ein gewisser Druck auf. Daher müssen wir den Blick noch etwas erweitern. Für die Persönlichkeitsentwicklung gibt es ein Zauberwort. Wer seine Persönlichkeit tatsächlich weiterentwickeln möchte, der kann ganz beruhigt sein, denn man geht in kleinen Schritten vorwärts. Niemand muss sich daher alle Themen auf einmal vornehmen. Zudem heißt es immer, dass man in seinem Leben niemals auslernt, da es stets wieder etwas Neues zu entdecken gibt.

So ist es auch mit der Persönlichkeitsentwicklung. Im Grunde genommen ist dies eine Reise zu sich selbst, ohne ein konkretes Ziel und ohne eine festgesetzte Frist. Jeder Mensch entwickelt seine Persönlichkeit das ganze Leben lang weiter. Wir können diese Entwicklung auch mit einem Pfad vergleichen, der viele spannende Dinge für uns parat hält. Dieser Weg macht unser Leben daher interessanter, gibt ihm einen Sinn und erfüllt uns.

Das Zauberwort der Persönlichkeitsentwicklung sind genau genommen zwei Wörter: „kleine Schritte“. So wie es auch mit dem körperlichen Wachstum ist, kann man das Wachstum einer Persönlichkeit niemals erzwingen, denn es braucht einfach Zeit. Gehen Sie daher möglichst entspannt und vollkommen locker an die Sache heran. Nehmen Sie sich nicht zu viel auf einmal vor. Schauen wir uns nun die Punkte auf der Liste noch einmal genauer an, damit Sie verstehen können, was mit den jeweiligen Schritten gemeint ist.

1.1.1 Flexibler mit Schwierigkeiten umgehen

Paul Watzlawick (ein österreichischer Philosoph, Psychotherapeut und Kommunikationswissenschaftler) sagte einmal: „Wer nur einen Hammer hat, für den sieht alles aus wie ein Nagel.“ Hat man also einen Hammer zur Hand, kann man viele handwerkliche Dinge und Probleme lösen.

Wer aber ein vollwertiger Handwerker sein möchte, braucht natürlich weitere Geräte wie beispielsweise eine Zange, eine Säge, verschiedene Schraubendreher und noch etliche Werkzeuge mehr. So ist es auch mit unserem Lebensweg. Je mehr Werkzeuge wir als Reserve haben, damit sind klarerweise Strategien und Fähigkeiten gemeint, desto besser sind wir für die Herausforderungen des Lebens gerüstet.

Eine traurige Tatsache ist, dass viele Menschen nur eine oder zwei Strategien beherrschen, um mit Traurigkeit, Enttäuschung, Frust, Überforderung oder Verlust umgehen zu können.

Die typischen Strategien sind folgende:

- Vollkommener Rückzug, gar nichts mehr zu sagen und still zu leiden
- Sich mit Dingen wie beispielsweise Essen, PC-Spielen, Alkohol und dem sinnlosen Surfen im Internet zu betäuben
- Auf andere Menschen sauer zu werden oder sogar auf die Welt und dabei die eigene Wut an anderen auszulassen
- Eine neue Realität zu erfinden, damit der Wirklichkeit nicht ins Auge geblickt werden muss

Dies sind nur wenige Beispiele von Taktiken, welche ein Mensch entwickeln kann. Jeder Mensch ist unterschiedlich, und so sind es auch die Strategien, welche entwickelt werden können. Die vier genannten Strategien sind natürlich menschlich, basieren aber nur auf Verdrängung und verarbeiten die unangenehmen Gefühle nicht. Daher möchte ich Ihnen an dieser Stelle ein paar deutlich besser geeignete Strategien nennen:

- Sport treiben
- Yoga machen
- Tagebuch schreiben
- Gespräche mit Freunden führen

Hier gilt selbstverständlich auch das Prinzip mit dem Werkzeug, welches ich Ihnen bereits am Anfang dieses Punktes beschrieben habe. Hat man nur ein Werkzeug als Reserve, stößt man in den unangenehmen Situationen sehr schnell an die eigenen Grenzen und das vorhandene Werkzeug funktioniert nicht mehr. Hier ist die eigene Flexibilität von Bedeutung, denn je flexibler man selbst ist, um die eigenen Probleme zu lösen, desto größer ist auch die Wahrscheinlichkeit, dass man mit fast allen Schwierigkeiten und Herausforderungen, die das Leben einem bietet, zurechtkommen kann.

1.1.2 Ein starker und robuster Mensch werden

Wenn es darum geht, die eigene Persönlichkeit zu entwickeln, bedeutet das, dass man als Mensch stärker und robuster werden möchte. Der Mensch lernt, sich von Schwierigkeiten, Ungerechtigkeit, Angriffen, Verletzungen oder Enttäuschungen nicht mehr einfach so umwerfen zu lassen. Anders formuliert, lernt man, schneller seine eigene Balance wiederzufinden. Es gibt Menschen, welche genau diese Fähigkeit in die Wiege gelegt bekommen haben. Der Umgang mit gewissen Schwierigkeiten ist somit auch genetisch bedingt. Menschen, die von Natur aus robust sind, bleiben auch in der größten Stresssituation handlungsfähig. Wenn sie negative Impulse erleben, werden diese als nicht so schlimm empfunden.

Dann gibt es wiederum Menschen, welche sehr empfindlich sind und sich viele Dinge schnell zu Herzen nehmen. Doch für diese gibt es Hoffnung, denn man kann tatsächlich lernen, ein starker und robuster Mensch zu werden. Einige Möglichkeiten dafür sind Entspannungsübungen, Achtsamkeitsübungen und tägliche gesunde Psychohygiene. All diese Dinge können uns Menschen dabei helfen, besser mit negativen Impulsen umzugehen. Wir lernen dadurch, dass man diesen nicht die Macht über sich selbst geben sollte. In einem späteren Kapitel werde ich Ihnen dafür einige kleine Übungen mit auf den Weg geben.

1.1.3 Gesunde Unabhängigkeit von anderen Menschen entwickeln

Der Mensch zählt zu den sozialen Wesen. Die wenigsten von uns könnten tatsächlich ohne andere Menschen existieren. Wir erleben im Zusammenleben mit anderen Unterstützung, Gemeinschaft, Sicherheit, Spaß, Geborgenheit, Vertrauen, Liebe, Freundschaft und Zugehörigkeit. Wie bei fast allen Dingen im Leben gibt es auch hier eine Kehrseite. Manche Menschen sind dazu fähig, andere zu manipulieren, andere kleinzuhalten, andere emotional zu erpressen oder andere Menschen in der eigenen Entwicklung auszubremsen.

Genau aus diesen Gründen ist es auch sehr wichtig, dass eine gesunde Unabhängigkeit zu anderen Menschen vorhanden ist, um die eigene Persönlichkeit optimal entwickeln zu können. Hierbei spielen die folgenden Themen eine besonders zentrale Rolle:

- Lernen, Nein zu sagen
- Eigene Grenzen zu setzen und zu vertreten
- Klar zu kommunizieren
- Eigene Bedürfnisse wahrzunehmen und auszudrücken
- Erkennen, ob ein anderer Mensch einen bestärkt oder eher ausbremst

Dies sind einige Fähigkeiten, die uns dabei unterstützen, frei und unabhängig zu sein. Unser Leben wird zum größten Teil von anderen Menschen bestimmt, die regelmäßig mit uns in Kontakt stehen. Aus diesem Grund sollte sich jeder mit Menschen umgeben, welche Kraft geben, eine Unterstützung sein können und uns nicht manipulieren. Das bedeutet manchmal, dass man den Kontakt zu bestimmten Menschen einschränken muss oder den Kontakt auch abbricht, wenn man merkt, dass man eigentlich nur der Spielball des anderen ist. Ein jeder Mensch sollte dazu in der Lage sein, sich Freunde zu suchen, die ihn auf seinem Lebensweg unterstützen.

1.1.4 Ein offener Mensch sein können, ohne angreifbar zu werden

Eines der größten Ziele hinsichtlich der Persönlichkeitsentwicklung ist es, als Mensch offener zu werden. Das bedeutet nicht, dass man all seine Gedanken und Gefühle preisgeben muss. Vielmehr ist damit gemeint, offen für neue Gedanken und Ideen, die eigenen Gefühle und andere zu sein. Menschen, die sich verschließen, um sich selbst zu schützen, kapseln sich gleichzeitig auch von den guten Dingen ab, die das Leben zu bieten hat: Leidenschaft, Lebensfreude, Spaß, Spiel, Begeisterung und noch so viele wunderbare Dinge mehr. Wer all das erleben möchte, muss selbst offener werden.

Wenn wir selbst stark und robust werden, wird es uns viel besser gelingen, offener für die guten Seiten des Lebens zu sein. Ein Mensch, der sich öffnet, wird freilich ebenfalls Enttäuschungen erleben. Auch Sie müssen dies mit einkalkulieren und lernen, damit umgehen zu können. Je stärker und robuster Sie selbst werden, desto mehr wächst auch Ihre Fähigkeit sich zu öffnen. Man kann die Offenheit als Schlüssel für ein erfülltes und interessantes Leben betrachten. Die Arbeit an der Offenheit ist eine gut investierte Zeit, denn man verwendet sie für sich und seine persönliche Entwicklung.

1.1.5 Sich verschiedene Fähigkeiten und Fertigkeiten aneignen

Ein anderes Wort für Persönlichkeitsentwicklung ist das „Wachstum" des Menschen. Ein Mensch kann nur wachsen, wenn er seine persönlichen Grenzen erweitert. Das bedeutet konkret:

- Neue Erfahrungen zu machen
- Neue Fähigkeiten zu erlernen
- Bestehende Fähigkeiten zu stärken und zu verbessern
- Lernen, Situationen zu bewältigen, die man bisher noch nicht bewältigen konnte
- Probleme aktiv anzugehen und diese auch zu überwinden

Anthony Robbins – amerikanischer Bestsellerautor und Trainer für Neurolinguistisches Programmieren (NLP) sowie Ausbilder von Coaches – schrieb in seinen Büchern dazu Folgendes:

> *„Wenn wir uns ein Ziel setzen, dann geht es gar nicht um das Ziel an sich. Es geht vielmehr darum, dass wir der Mensch werden, der dieses Ziel erreichen kann."*

Die eigene Persönlichkeit zu entwickeln bedeutet also, dass man ein Mensch wird, der mehr erreichen kann, wenn er es selbst nur möchte. Damit will ich nicht sagen, dass wir falsch oder schlecht sind, wie wir uns bisher kennen. Vielmehr ist es ein sehr guter Weg, sich als Mensch gezielt weiterzuentwickeln und zu wachsen.

Jeder Mensch ist anders. Der eine strebt nach einem bequemen Leben, der nächste nach Zerstreuung und Unterhaltung. Andere wiederum möchten Geld und Macht erreichen. Warum sollte man dann nicht auch danach streben können zu lernen und zu wachsen, um letztlich zu dem Menschen zu werden, der man sein könnte.

1.1.6 Sich Krisen oder Problemen stellen und sie auch optimal lösen

Viele Menschen betrachten genau dieses Thema als einen wunderbaren Einstieg in die Welt der Persönlichkeitsentwicklung. Früher oder später wird jeder einmal in seinem Leben an einen Punkt kommen, an dem er vor einer Krise oder einem schmerzlichen Problem steht. Dann haben wir zwei Möglichkeiten zu reagieren:

Die Probleme von außen lösen, indem man Folgendes versucht:

- Äußere Umstände zu verändern
- Andere anzuklagen
- Von anderen zu verlangen, sich zu ändern
- Symptome des Problems zu bekämpfen oder zu lindern

Hierfür ein **Beispiel**: Maria hat ständig Magenschmerzen und fühlt sich mit ihrer Arbeit vollkommen überfordert. Wenn sie nun das Problem von außen zu lösen versucht, kann sie beispielsweise ihren Job kündigen und dem Arbeitgeber die Schuld in die Schuhe schieben, da dieser ihr zu viel Druck gemacht hat. Oder aber sie flüchtet sich in Alkohol, PC-Spiele oder sogar Tabletten. All das stellt Versuche dar, das Problem von außen zu lösen.

Probleme von innen lösen, indem man Folgendes versucht:

- Sich selbst zu ändern
- Lernen, mit Druck oder Stress besser umzugehen
- Einschränkende Einstellungen zu verändern
- Bessere Gewohnheiten zu erlernen
- Alte Wunden aufzuarbeiten und zu heilen

Tatsache ist aber, dass man nicht jedes Problem von innen heraus lösen muss. Es ist oftmals wirklich besser, wenn man die eigene Umgebung verändert. Zielführender ist es in den meisten Fällen jedoch, bei sich selbst anzufangen, um als Mensch aus den schwierigen Situationen herauswachsen zu können.

1.1.7 Sich selbst kennenlernen und verstehen

Wer damit beginnt, als Mensch zu wachsen, der wird auf diesem Wege auch sich selbst besser kennenlernen. Die Selbstkenntnis ist ein Ziel, aber auch ein Nebenprodukt persönlichen Wachstums.

Das bedeutet, sich selbst verstehen zu können:

- Zu wissen, wie man tickt
- Die persönlichen Eigenschaften zu kennen
- Wissen, was man braucht, um sich gut, zufrieden und glücklich fühlen zu können
- Erkennen, was einem wichtig ist
- Zu wissen, was einem etwas bedeutet
- Die eigenen Stärken zu kennen
- Auch die eigenen Schwächen zu kennen
- Die eigenen typischen Verhaltensmuster zu kennen
- Den eigenen „wunden Punkt“ zu kennen

Wer sich selbst gut kennt, hat auch ein verständnisvolleres und freundlicheres Verhältnis zu sich selbst. Demnach bedingen die Selbsterkenntnis und die Selbstakzeptanz sich gegenseitig.

1.1.8 Die eigenen Kräfte besser einsetzen und selbstwirksamer sein

Tatsächlich sind sich sehr viele Menschen nicht bewusst, was sie in ihrem Leben alles erreichen könnten, wenn sie die eigenen Kräfte besser handhaben und eigene Ängste überwinden würden. Damit möchte ich nicht sagen, dass jeder Mensch alles im Leben erreichen kann, denn das wäre sehr unrealistisch. Fakt ist jedoch, dass viele Menschen mehr erreichen könnten, wenn sie sich ihrer eigenen Kräfte bewusst wären. Gleichzeitig reicht es jedoch auch nicht aus, die eigenen Kräfte gut zu erkennen. Man muss ebenfalls dazu in der Lage sein, diese über einen längeren Zeitraum zu fokussieren. Dazu gehört auch, dass man sich der typisch menschlichen Stolpersteine bewusst ist und lernt, mit diesen umzugehen. Hierbei helfen folgende Kompetenzen:

- Zielsetzungsfähigkeit
- Selbstmotivation
- Selbstüberwindung
- Selbstorganisation
- Frustrationstoleranz

Wenn wir das erreichen, was wir uns vorgenommen haben, gibt uns das ein sehr gutes Gefühl. Der Einstieg in die Persönlichkeitsentwicklung ist für viele Menschen der Wunsch nach Erfolg oder persönlicher Wirksamkeit. Wer damit beginnt, selbst zu wachsen, für den verbessern sich oft viele Ebenen im eigenen Leben.

1.1.9 Zusammenfassung

Wenn wir von Persönlichkeitsentwicklung sprechen, so ist immer die Rede davon, als Mensch stärker, offener, fähiger, kompetenter, seelisch gesünder, robuster, klarer und wirksamer zu werden.

Dabei kommen folgende Nebeneffekte zum Ausdruck:

- Selbstbewusster zu werden
- Sich mehr zuzutrauen
- Mutiger zu werden
- Mehr Handlungen zu zeigen, als nur zu reden
- Mehr zu erreichen
- Den eigenen Platz im Leben zu finden
- Glück und Erfüllung häufiger zu erleben

All dies stellt die Richtung dar, in welche wir uns bewegen, wenn wir persönliches Wachstum anstreben. Jeder kleine Schritt auf diesem Weg ist bereits ein Erfolg und sorgt für die Verbesserung des eigenen Lebens.

1.2 DIE EIGENEN LEBENSERFAHRUNGEN PRÄGEN DIE PERSÖNLICHKEIT

1.2.1 Eigene Lebenserfahrungen

Vor vielen Jahren glaubte man tatsächlich, dass die Persönlichkeit etwas Stabiles und Unveränderbares sei. Einige Psychologen, darunter auch Costa und McCrae, meinten, dass die Entwicklung der Persönlichkeit eine „intrinsische Reifung" ist. Das bedeutet: Die Persönlichkeit entwickelt sich aus einem selbst, also von innen heraus, und ist genetisch bedingt. Diese Theorie ist veraltet und längst überholt. Nach heutiger Ansicht kann man sagen, dass sich die Persönlichkeit auch durch verschiedene Lebenserfahrungen entwickelt. Im Grunde genommen stellt die Entwicklung der Persönlichkeit ein Wechselspiel zwischen Familienleben, Freundschaften, dem Berufsleben und genetischen Faktoren dar. Ein Mensch passt sich außerdem den aktuellen Lebensbedingungen an, wodurch sich seine Persönlichkeit ebenfalls verändert.

Aus einer Studie von 2011 geht hervor, dass es auch verschiedene Dimensionen bezüglich der Persönlichkeitsentwicklung gibt. Diese Studie orientierte sich am „Modell zur Beschreibung der Persönlichkeitseigenschaften". Hierbei werden folgende Charaktere unterschieden:

- Extrovertierte Menschen zeigen ein offenes Verhalten und haben gern andere und viele Menschen um sich.
- Neurotische Menschen machen sich viele Sorgen und sind leicht beunruhigt.
- Offene Menschen sind fantasiereich und haben Interesse an Kreativität.
- Verträgliche Menschen verhalten sich freundlich und nett zu jedem Menschen.
- Gewissenhafte Menschen sind immer ordentlich und stets sauber.

Interessant ist, dass die Gewissenhaftigkeit und die Verträglichkeit im Alter zunehmen, die Offenheit bezüglich neuer Erfahrungen nimmt laut einer Studie jedoch ab. Ein weiteres Merkmal für die Prägung unserer Persönlichkeit ist aus tiefenpsychologischer Sicht die Bewältigung von sensiblen Entwicklungsphasen. Beispiel: Wenn es der Mutter nicht gelingt, ihrem Säugling ausreichend Geborgenheit zu geben, also das sogenannte Urvertrauen aufzubauen, ist es möglich, dass dieses Kind später Beziehungsschwierigkeiten bekommt und sich häufig zurückzieht.

1.2.2 Für positive Erfahrungen braucht man auch positives Denken

Zwischen der Umwelt und der eigenen Person findet immer ein Wechselspiel statt. Dahin gehend kann man sich fragen, wie einen die Umwelt daran hindert, so zu sein, wie man tatsächlich sein möchte. Man sollte sich aber auch fragen, was man an sich selbst gut findet oder verändern möchte. Hinzu kommt die Frage danach, warum man etwas verändern möchte. Ein Mensch, der immer nur herumjammert, dass er nichts schafft und auch nichts schaffen kann, wird früher oder später automatisch zum Verlierer. Demzufolge ist das positive Denken notwendig, damit man auch positive Erfahrungen machen kann.

Niemand sollte versuchen, die Persönlichkeit eines Menschen zu verändern. Es sollte vielmehr versucht werden, für jeden Menschen eine Umgebung zu schaffen, in welcher er seine Persönlichkeit entfalten kann. Für jeden Menschen sollte es das Ziel sein, Selbstakzeptanz und Selbstverwirklichung anzustreben. Damit dieses Ziel auch tatsächlich erreicht werden kann, ist die Erfüllung der Grundbedürfnisse (Nahrung, Wohnung, Sicherheit, Geborgenheit, Wertschätzung) von großer Bedeutung. Jeder Mensch ist hauptsächlich selbst dafür verantwortlich, dass diese Bedürfnisse erfüllt werden.

1.3 ZWEI GROSSE FEHLER BEZÜGLICH DER PERSÖNLICHKEITSENTWICKLUNG

Ich bin fest davon überzeugt, dass all jene, die bis hierhin gelesen haben, bereits verstehen konnten, dass die Persönlichkeitsentwicklung ein grandioses Werkzeug ist, welches man einsetzen kann, um aus sich selbst das Beste herauszuholen und seinem Traumleben näherzukommen. An dieser Stelle möchte ich Sie jedoch vorwarnen, denn es gibt tatsächlich auch Fehler, die gemacht werden können, wenn es darum geht, die eigene Persönlichkeit weiterzuentwickeln. Es lässt sich sogar sagen, dass es sich hierbei um zwei Fehler handelt, die nicht gerade wenige Menschen begehen. Damit Sie verstehen, was ich meine, werfen wir darauf einen genaueren Blick.

1.3.1 Die passive Entwicklung der Persönlichkeit

Manche werden sich an dieser Stelle fragen, was tragischer sein kann, als noch nie etwas von der Persönlichkeitsentwicklung gehört zu haben. Ich kann Ihnen sagen, dass es sich hierbei um neu gewonnenes Wissen handelt, welches jedoch nie zum Einsatz kommt. Wenn es darum geht, die eigene Persönlichkeit weiterzuentwickeln und zu wachsen, so kann man das keineswegs mit dem Unterricht in der Schule vergleichen. Hier ist das Gegenteil der Fall. Das neue Wissen, welches man bezüglich der Entwicklung seiner eigenen Persönlichkeit erlernt, hat jede Menge Bezug zur Praxis und sollte daher auch erprobt und umgesetzt werden. Wenn auch Sie bereits einige Dinge zum Thema gelernt haben oder bis hierher mitnehmen konnten, so sollten Sie in die Welt hinausgehen, positiv denken und sich auf alles freuen, was das Leben Ihnen zu bieten hat.

Ein **Beispiel** hierfür ist das Knüpfen neuer Kontakte. Wenn Sie darüber andere Bücher gelesen haben und wissen, wie man den Kontakt zu anderen Menschen sucht, sollten Sie dieses Wissen nicht einfach nur in Ihrem Kopf speichern, sondern direkt umsetzen. Es nützt vor allem Ihnen selbst nichts, wenn Sie sich hinter den Büchern verstecken. Integrieren Sie so viele Dinge wie möglich in Ihren Alltag. Sie können Sticker aufkleben, welche Sie daran erinnern, was Sie erlernen konnten und nun in die Tat umsetzen sollten.

Wichtig: Niemand muss sein gesamtes Leben und schon gar nicht die ganze Welt vom einen auf den anderen Moment verändern. Wenn man jeden Tag eine Kleinigkeit verändert, ist das bereits ein Erfolg. Man muss implementieren und nicht nur lesen, anderen zusehen oder zuhören. Werden Sie aktiv und entwickeln Sie sich selbst zu Ihrer bestmöglichen Version. Passiv zu sein, war gestern – aktiv zu sein, ist heute.

1.3.2 Zufriedenheit ist ein Fremdwort

Um die eigene Persönlichkeit entwickeln zu können, gehört auch dazu, dass man seinen Ehrgeiz kontrolliert und den Realismus schärft. Probleme, die sogar schwerwiegend sein können, entstehen dann, wenn es zu einem Zwang wird oder sogar eine Sucht entsteht und damit kein gesundes Wachstum gewährleistet werden kann. Während die einen Menschen trotz neu erlerntem Wissen eher passiv bleiben, gibt es wiederum andere, die es extrem auf die Spitze treiben. Sie wollen in jeder Hinsicht perfekt sein und haben das Ziel, sich möglichst schnell in allen Lebensbereichen zu verbessern. Dabei vergessen sie jedoch, dass die Persönlichkeitsentwicklung ein gesundes Wachstum bleiben sollte. Durch Perfektionismus könnte diese auch kein hilfreicher Wegbegleiter sein, sondern er wird zu einer enormen Last und setzt einen nur unnötig unter Druck. Man möchte dann immer und überall besser, schöner, schneller oder auch reicher als andere sein.

Wenn Sie sich aber für Ihr Leben etwas Gutes tun wollen, sollten Sie sich den Wunsch nach Perfektion sofort aus dem Kopf schlagen. Machen Sie sich bewusst, dass es auch bei der Entwicklung der eigenen Persönlichkeit Grenzen gibt, die vollkommen in Ordnung sind. Kein Mensch muss alles sein, alles können oder alles haben. Merken Sie sich, dass es um Wachstum und nicht um Perfektion geht.

Kapitel 2: Weshalb die Entwicklung der Persönlichkeit so wichtig ist

Warum ist es eigentlich so wichtig, dass die Persönlichkeitsentwicklung eine so große und wichtige Rolle im Leben eines Menschen spielt? Wieso befassen sich so viele Menschen, dazu zählen auch sehr viele Experten, eigentlich mit diesem Thema, wenn es doch diesen berühmten Satz „Man soll sich selbst so lieben, wie man ist" gibt? Wenn genau dieser Satz zutrifft, warum sollte man dann etwas an sich verändern wollen?

Die Antwort auf diese Fragen ist ganz einfach: Persönlichkeitsentwicklung heißt nämlich nicht, dass man sich selbst verändern soll. Vielmehr geht es darum, zu wachsen und sich weiterzuentwickeln. Jeder Mensch sollte dazu in der Lage sein, zum Kern seines wahren Ichs zurückzukommen. Die eigene Persönlichkeit zu entwickeln, bedeutet auch, die Maske, welche man für andere und durch andere aufgesetzt hat, abzunehmen und endlich damit aufzuhören, eine Rolle zu spielen, als wäre das Leben ein Theaterstück.

Das A und O für die Persönlichkeitsentwicklung ist die unendliche Selbstliebe. Nur, wer sich selbst liebt, und das auch ohne Einschränkungen, wird seine Ziele tatsächlich erreichen können. Es ergibt keinen Sinn, sich in einer Version zu hassen, in der man sich selbst später lieben will. Ich möchte damit nicht sagen, dass man damit aufhören muss, an sich zu arbeiten, wenn man sich selbst liebt, sondern Sie für einen bewussten und liebevollen Umgang mit sich selbst vorbereiten.

Jeder Mensch sollte sich die Zeit geben, an sich zu arbeiten, und dies auch tatsächlich tun, weil er sich selbst liebt, und nicht, weil man die aktuelle Situation nicht ausstehen kann oder beim Anblick im Spiegel laut losheulen möchte. So wird der Status quo akzeptiert. Dieser kann direkt als Anlass genommen werden, um an der eigenen Persönlichkeit zu arbeiten. Jeder Mensch kann dann dazu in der Lage sein, die aktuelle Situation zu sehen, in welcher er sich befindet, und wird auch erkennen, dass es noch jede Menge Potenzial nach oben gibt.

Das ist positive Energie, welche beim Schopf gepackt werden sollte, um die Maske abzunehmen, welche man vor langer Zeit aufgesetzt hat und die einem eigentlich die Sicht versperrt. Sie können sich auch merken, dass die Türen niemals geschlossen sind. Durch die Maske haben Sie diese nur nicht im Blick für sich selbst gehabt. Kein Mensch trägt eine Gewitterwolke über sich, die einem das Leben erschwert. Das Wasser darin brauchen Sie nämlich tatsächlich, um wachsen zu können. Niemand ist das Opfer des Schicksals, dass es anscheinend nicht gut meint.

Außerdem wird niemand vom Glück ignoriert, während andere Menschen mit offenen Armen von ihm empfangen werden. Stehen Sie auf, nehmen Sie die Maske ab und hören Sie auf, eine Rolle in einem Theaterstück spielen zu wollen, welches es gar nicht gibt, dann werden auch Sie schon bald von jeder Menge Glück und Erfolg überhäuft. Wer die eigene Persönlichkeit weiterentwickelt, wird auch erkennen, dass jede Situation etwas Positives zu bieten hat. Öffnen Sie die Augen auch für Wege, welche Sie bisher nie gegangen sind. Fangen Sie damit an, sich rundum glücklich und wohlzufühlen und sich selbst zu lieben.

2.1 VON DER PERSÖNLICHKEITSENTWICKLUNG PROFITIEREN

Aber wie kann man nun selbst von der Persönlichkeitsentwicklung profitieren? Dazu gehört, dass man sich bewusst macht, dass jeder Mensch eine Persönlichkeit hat. Jeder Mensch ist ein selbstständiges Individuum und auf seine Art und Weise unendlich wertvoll und etwas ganz Besonderes. Sehr viele Menschen lassen ihre eigene Persönlichkeit gar nicht zu. Der Grund dafür ist, dass sie davon überzeugt sind, nur mit einer Maske geliebt zu werden oder eine Rolle spielen müssen, um Anerkennung zu erfahren. Dabei wird vergessen, dass man selbst der Mensch sein sollte, der uns bedingungslos liebt, akzeptiert und annimmt.

Es ist daher wichtig, sich selbst bewusst zu machen, dass man tatsächlich ein wichtiger Mensch in seinem eigenen Leben ist und dass man die eigene Persönlichkeit für sich entwickelt. Sie arbeiten nicht an sich, um anderen gerecht zu werden und anderen zu gefallen. Sie sollten die Reise starten, weil Sie sich selbst besser fühlen wollen. Ihr Ziel sollte es sein, endlich zu verstehen, was Sie selbst wollen. Zudem sollen Sie auch in den Spiegel blicken können und sich an dem Anblick erfreuen, denn so, wie Sie sind, sind Sie immer etwas ganz Besonderes.

Wer die eigene Persönlichkeit weiterentwickelt, wird auf viele positive Effekte stoßen, von denen er in allen Lebensbereichen profitieren kann. Alles beginnt bei einem selbst. Natürlich klingt das wiederum nach jeder Menge Verantwortung, doch im Grunde genommen ist das keineswegs verkehrt, denn Sie haben Ihr Leben selbst in der Hand. Jeder ist der Regisseur seines eigenen Lebens und entscheidet, in welche Richtung es verlaufen soll. Sie sind nicht der Beifahrer, der sich von anderen herumkommandieren lassen soll und sein eigenes Leben von anderen bestimmen lässt. Erleben Sie Ihr Leben nicht einfach nur nebenbei. Greifen Sie nach dem Steuer und bestimmen Sie die Richtung und das Tempo selbst.

Im folgenden Text möchte ich Ihnen die Vorteile erläutern, die sich durch die Persönlichkeitsentwicklung ergeben. Diese lassen sich grundsätzlich in körperliche oder mentale Effekte einteilen. Zu Beginn wird man vor allem die mentalen Vorteile spüren, während sich die körperlichen tatsächlich erst etwas später einstellen.

2.1.1 Sich selbst kennen

Wer sind Sie eigentlich? Eine Antwort darauf finden Sie nicht einzig und allein auf Ihrem Personalausweis, wo Ihr vollständiger Name und Ihre Adresse geschrieben stehen und das passende Foto daneben klebt. Um herauszufinden, wer Sie sind, sollten Sie sich einmal ganz fest vornehmen, eine Antwort auf ebendiese Frage zu finden. Hierfür können Sie sich vor einen großen Spiegel stellen, in welchem Sie sich gut betrachten können. Hören Sie ganz tief in sich hinein und betrachten Sie Ihr Spiegelbild genau. Wissen Sie tatsächlich, wer Sie selbst sind? Wenn Sie sich mit dieser Frage intensiv beschäftigen, wird Ihnen automatisch die Frage, was Sie wirklich wollen, in den Sinn kommen.

Eigentlich sind beides kleine Fragen, von denen man annimmt, dass man eine Antwort sehr schnell und sehr einfach darauf finden kann. Beschäftigt man sich jedoch intensiv mit beiden Fragen, so wird man feststellen, dass es gar nicht so leicht ist, tatsächlich eine Antwort zu finden. Beide Fragen berühren den Kern unseres wahren Ichs, welcher tief in uns drinnen sitzt. Man kann es auch mit einer stillen Herausforderung vergleichen, bei der von einem verlangt wird, dass man von nun an beginnt, an sich selbst zu arbeiten und sich mit aktuellen Situationen auseinandersetzt. Daraus kann man schlussfolgern, dass ein Mensch, der sich genau mit diesen beiden Fragen befasst, tatsächlich dazu bereit ist, an sich zu arbeiten und endlich die Maske abzunehmen, hinter der er sich viel zu lange versteckt hat.

In diesem Moment begreift man erst, dass diese Maske nur augenscheinlich schützt und in Wahrheit eher damit droht, einen zu ersticken.

Wer die Maske auf seinem Gesicht behält und damit in den Spiegel hineinschaut, wird auf die Frage, wer er denn ist, leicht antworten können. „Warum?“, fragen Sie sich wahrscheinlich gerade. Das möchte ich Ihnen kurz erklären: Es wird die Rolle eingenommen, welche man mit der Maske zu spielen versucht. Das wahre Gesicht verbirgt man mit der Maske jedoch vollkommen. Die Antwort auf diese Frage sollte dann aber nicht lauten: „Ich bin Maria“, sondern müsste wie folgt formuliert sein: „Mit der Maske, die ich dich aufgesetzt habe, spiele ich diese Rolle.“

William Shakespeare war es, der einmal sagte, dass jeder Mensch ein Schauspieler ist und die Welt eine große Bühne. Demzufolge sollte jeder Mensch von Geburt an auf ebendiese Bühne treten und erst am Ende des eigenen Lebens wieder heruntergehen. Vielleicht hatte er mit dieser Aussage, dass die Welt eine Bühne sei und die Menschen sich anpassen müssten, tatsächlich recht. Allerdings heißt das nicht, dass man sich verstellen soll. Unsere Welt ist heute sehr schnelllebig. Wer darin heutzutage leben, Erfolg haben, Glück und Zufriedenheit verspüren möchte, braucht ein gesundes und starkes Selbstbewusstsein. Die Basis dafür bildet die Persönlichkeitsentwicklung zusammen mit der Antwort auf die Frage, wer man selbst eigentlich ist. Blicken wir noch einmal auf die Frage zurück: Wenn Sie tatsächlich vorhaben, darauf eine Antwort zu finden, sollten Sie sich die Zeit dafür nehmen, die Sie brauchen. Wer sich auf diese Frage wirklich einlässt, wird merken, dass es doch nicht so einfach ist, eine Antwort auf ebendiese zu finden, die einen rundum zufriedenstellt. Versuchen Sie, die viel zu eng anliegende Maske immer weiter von Ihrem Gesicht zu lösen und Ihr wahres Ich zu entdecken.

Es spielt keine Rolle, wie gut ein Mensch seine Rolle spielt und wie perfekt er sich anpassen kann. Es gibt auf der ganzen Welt keine Maske, die so gut sitzt, dass sie einem die Freiheit geben kann, welche man genießt, wenn man tatsächlich so sein kann, wie man eigentlich ist, und das eigene, wahre Ich auch wirklich zulässt, bestmöglich fördert und stets weiterentwickelt. Ich habe an dieser Stelle eine gute Nachricht für Sie: Das Buch, was Sie gerade in den Händen halten, ist ein Wegbegleiter auf der Reise zu der Antwort auf die Frage, wer Sie selbst wirklich sind.

2.1.2 Gesundes Selbstbild und Selbstbewusstsein

Passend zu diesem Thema haben die Ärzte einen Song geschrieben, in welchem es eine bekannte Liedzeile gibt: „Lass die Leute reden". Und damit haben sie recht. Aber Tatsache ist, dass es nur wenigen Menschen gelingt, sich auch daranzuhalten. Wahrscheinlich sind auch Sie so ein Mensch, dem es gar nicht oder nur in sehr seltenen Fällen gelingt, nicht auf das zu hören, was andere Leute über Sie sagen und deren Blicke einfach zu ignorieren. Die Frage ist nur, warum das so ist. Bereits an dieser Stelle werden Sie bemerken, dass alles sehr eng miteinander verbunden ist. Das trifft auch auf die Vorteile der Persönlichkeitsentwicklung zu. Auch bei diesen gibt es kaum eine Abgrenzung zu den anderen. Es besteht eine fließende Linie, welche vieles miteinander verbindet. Ein gutes Beispiel ist hier das Selbstbewusstsein, welches auf der Tatsache aufbaut, dass mein selbst weiß, wer man ist.

Wird das Wort Selbstbewusstsein genauer betrachtet, stellt man fest, dass es aus zwei Wörtern besteht: „selbst" und „Bewusstsein". Viele Menschen nehmen an, dass sie über Selbstbewusstsein verfügen. Die Maske, welches sie tragen, sorgt dafür, dass das angebliche Selbstbewusstsein erhalten bleibt. Es lässt sich hier auch sagen, dass es sich um ein falsches Selbstbewusstsein handelt. Durch die Maske bekommt die Person das Gefühl, dass sie sich sicherer fühlt und selbstbewusst ist, wenn sie nur ihr wahres Ich versteckt.

Das heißt aber keinesfalls, dass man selbstbewusst ist und auch so auftritt. Ein Mensch kann tatsächlich nur Selbstbewusstsein ausstrahlen, wenn er ganz er selbst ist und sich seiner Selbst bewusst ist. Wer sich selbst bewusst ist, kennt seine Stärken, Wünsche und Ziele, hat ein gesundes Selbstbild und lässt sich nicht mehr von Fremdbildern beeinflussen. Dadurch strahlt man ein gesundes Selbstbewusstsein aus. Wenn wir uns das Selbstbild ansehen, müssen wir auch einen Blick auf das Fremdbild werfen. Das sind all die Ansichten, welche andere Menschen von uns haben. Natürlich kann es so sein, dass die fremden Ansichten mit unseren eigenen übereinstimmen. Es kann aber auch das Gegenteil der Fall sein und Selbst- und Fremdbild gehen weit auseinander. Wer sich selbst bewusst ist, für den spielt die Wahrnehmung anderer bezüglich des eigenen Selbst keine Rolle mehr. Die Blicke anderer werden ignoriert und von den Kommentaren lässt man sich längst nicht mehr verunsichern. Zudem sind die Menschen mit hohem Selbstbewusstsein auch dazu in der Lage, feststellen zu können, dass die sogenannten Blicke und Kommentare von anderen eher die Furcht der eigenen Vorstellungskraft sind. Warum?

Es wird angenommen, dass man selbst keinen Wert hat und sowieso nur das Opfer des Schicksals ist, weshalb das Leben so angenommen werden muss, wie es nun mal ist. Damit spielt das eigene Unterbewusstsein einen ganz gewaltigen Streich. Egal, welche Menschen einem über den Weg laufen, in allen wird jemand gesehen, der einen bewertet oder schief ansieht. Dabei spielt sich diese Vorstellung nur in der eigenen Fantasie ab. Mit anderen Worten: Man sieht in den Menschen nur die Vorstellung vom eigenen Selbst.

Wer sich nicht wohlfühlt, wird selbst werten und den Blick auf die Schwächen und negativen Aspekte richten, nicht nur bei sich selbst, sondern auch bei den Mitmenschen. In diesem Fall fühlt man sich bewertet und vom Fremdbild beeinflusst.

Wenn man aber die eigene Persönlichkeit entwickelt, wird man sich auch des eigenen Wertes bewusst. Demzufolge strahlen wir dann auch mehr Selbstbewusstsein aus. Jetzt stellt man fest, dass die anderen Menschen und gar nicht verurteilen oder bewerten. Und wenn dies doch der Fall sein sollte, so steht man mit jeder Menge Selbstbewusstsein über den Dingen. Niemand braucht negative Energien in seinem Leben, weshalb ich auch Ihnen rate, sich stets auf die positiven Dinge zu konzentrieren.

2.1.3 Wissen, was man will

Menschen, die bereits herausgefunden haben, wer sie sind, wissen gleichzeitig auch, was sie tatsächlich wollen. Schauen wir uns das Ganze doch einmal an einem **Beispiel** an:

Stellen Sie sich vor, Sie sind der Beifahrer in einem Taxi. Wenn Sie eingestiegen sind, teilen Sie dem Fahrer mit, wohin die Reise überhaupt gehen soll. Anschließend fährt er los. Die Fahrt verläuft gut, doch plötzlich entscheiden Sie sich dafür, woanders hinzufahren, und teilen das dem Taxifahrer mit. Manchmal ist es tatsächlich so, dass sich die Meinung eines Menschen ändert. Dementsprechend nickt der Fahrer zustimmend und ändert seine Route. Wieder verläuft die Fahrt so weit gut, doch erneut ändern Sie Ihre Meinung.

Mittlerweile ist der Fahrer von Ihrer ständigen Meinungsänderung genervt und doch ändert er seine Route. Das Spielchen geht immer so weiter, weil Sie sich nicht entscheiden können und auch nicht wissen, wohin Sie überhaupt wollen. Sie haben absolut keine Idee, wohin Ihre Reise gehen soll.

Nach einiger Zeit bittet der Taxifahrer darum, dass Sie aussteigen und ihn bezahlen, da er dieses Hin und Her nicht länger ertragen kann. Nun stehen Sie an einem Ziel, welches Sie dem Fahrer im Lauf der Fahrt mitteilten, wohin Sie aber eigentlich doch nicht wollten. Sie haben sehr viel Zeit und Geld verloren und sind nun doch nicht glücklich. Da Sie immer noch nicht wissen, wohin Sie überhaupt wollen, geben Sie sich mit dem erreichten Ziel zufrieden.

An diesem Beispiel kann man wunderbar erkennen, was passieren kann, wenn ein Mensch nicht weiß, was er überhaupt will und einfach mit blauen Augen losläuft. Das sollten Sie aber bitte nicht falsch verstehen. Manchmal können solche Situationen wirklich gut enden. Damit dies aber der Fall ist, muss eine wichtige Voraussetzung erfüllt sein: Sie müssen sich selbst sehr gut kennen und Ihr wahres Ich zulassen, damit Sie die Reise voller Selbstbewusstsein bestreiten können. Sie müssen die Reise mit offenen Augen antreten, um alle offenen Türen zu sehen, an welchen Sie auf dieser Reise vorbeikommen.

Menschen, die eine solche Reise, wie im Taxi-Beispiel beschrieben, antreten, jedoch keinerlei Selbstbewusstsein haben, werden viele Wochen, Monate und manchmal sogar Jahre umherirren, ohne ein klares Ziel vor Augen zu haben. Diese Menschen haben dann oftmals das Motto: „Ich habe keine Ahnung, wohin ich gehe, aber irgendwie werde ich meinen Weg schon finden.“ Dass dabei jedoch sehr viel wertvolle Zeit, Energie und auch jede Menge Geld verloren gehen, begreifen diese Menschen oftmals erst zu spät. Ich möchte damit nicht sagen, dass sich Ziele oder Wünsche nicht verändern können, denn das können sie. Außerdem möchte ich auch nicht sagen, dass man immer zu hundert Prozent wissen muss, wohin die eigene Reise geht, wenn man seine Persönlichkeit entwickeln möchte. Menschen, die ihre Persönlichkeit weiterentwickeln, werden früher oder später feststellen, dass sich auch ihre Ziele und Wünsche weiterentwickeln. Was diese Menschen dabei brauchen, ist jede Menge Mut, die Ziele überhaupt zu ändern, neue Wege zu gehen und nicht doch auf der Stelle wie angewurzelt stehen zu bleiben. Niemand sollte an einem Ort verharren, von dem man weiß, dass man dort nicht glücklich wird. Wer seine Persönlichkeit weiterentwickelt, der weiß nicht nur, was er möchte, sondern findet auch Mittel und Wege, sein Ziel zu erreichen.

2.1.4 Besser mit Rückschlägen umgehen können

Natürlich ist es für keinen Menschen schön, wenn man scheitert und Rückschläge einstecken muss. Auf der Reise zu sich selbst entwickelt man allerdings nicht nur ein Bewusstsein für das eigene wahre Ich, sondern auch eine viel positivere Einstellung, gegenüber sich selbst und dem Leben.

Wenn man die eigene Persönlichkeit weiterentwickelt, bedeutet das noch längst nicht, dass man stets mit einem Grinsen im Gesicht herumläuft und immer wieder Luftballons steigen lässt oder Konfetti verteilt. Man lernt, auch in negativen Situationen stets den Fokus auf die positiven Aspekte des Lebens zu richten. Es wird immer wieder Rückschläge geben. Zudem werden Sie auch immer wieder auf Hindernisse stoßen. Diese können auf psychischer oder mentaler Ebene sein. All das gehört zur Persönlichkeitsentwicklung dazu. Persönlichkeitsentwicklung hat sozusagen auch ein Haustier, nämlich den inneren Schweinehund. Dieser wartet nicht auf eine Einladung, sondern lädt sich selbst ein. Er möchte Sie davon abhalten, an sich zu arbeiten.

Mit der Zeit wird es Ihnen immer leichter fallen, mit Hindernissen oder Rückschlägen umzugehen. Sie werden aber auch für Probleme schneller und besser eine Lösung finden können. Nach und nach wird die allgemeine, negative Katastropheneinstellung durch eine positive und lösungsorientierte Sichtweise abgelöst. Wer an seiner Persönlichkeit arbeitet, wird nicht nur an der ständigen Weiterentwicklung seines Selbstbewusstseins arbeiten oder am eigenen Wohlbefinden, sondern wird auch allgemein im Leben viel erfolgreicher sein.

2.1.5 Erfolgreicher sein

Wenn Sie herausgefunden haben, wer Sie sind, so haben Sie auch Ihr Selbstbewusstsein entwickelt, Ihre Ziele ganz klar gesteckt sowie ein positives „Mindset“ erarbeitet. Jetzt können Sie tatsächlich viel besser und effektiver an der Erfüllung Ihrer Ziele und Wünsche arbeiten. Daraufhin folgt natürlich auch ein größerer Erfolg. An diesem Punkt der Persönlichkeitsentwicklung werden Sie feststellen, dass Ihre Schwächen nicht einfach nur Schwächen sind. Sie werden erkennen, dass sich hinter diesen auch sehr hohes Potenzial verbirgt, welches Sie für sich nutzen können. Sie können sich folgenden Satz einprägen: Das Potenzial, um die eigenen Stärken zu erweitern, verbirgt sich hinter jeder Schwäche.

Mit der Zeit werden Sie lernen, die Schwächen nicht nur negativ zu betrachten, sondern auch deren positive Aspekte zu sehen. Die eigenen Schwächen können einem dabei helfen, in Bezug auf die Frage, was Sie sich vom Leben überhaupt wünschen, eine Entscheidung zu treffen. Daher rate ich Ihnen, dass Sie sich auf Ihre Stärken konzentrieren oder an Ihren Schwächen arbeiten. So können Sie sich nicht nur auf bessere Definition der eigenen Wünsche und Ziele freuen, sondern auch auf einen sich einstellenden Erfolg.

2.1.6 Empathischer sein

Wahrscheinlich kennen auch Sie den Spruch, dass man andere nur lieben kann, wenn man sich selbst liebt, und das andere einen nur lieben können, wenn man sich selbst auch liebt. Diese Aussage ist tatsächlich richtig. Sie steht sogar in sehr engem Zusammenhang mit der Persönlichkeitsentwicklung. Durch das stärkere Bewusstsein für das eigene wahre Ich wird man nicht nur gegenüber sich selbst empathischer, sondern reagiert auch auf seine Mitmenschen mit viel stärkerer Empathie. Wer nicht länger nur die negativen Dinge des Lebens im Fokus behält, sondern mit sich selbst freundlicher und liebevoller umgeht, wird auch gegenüber anderen Menschen ein viel liebevolleres und empathischeres Verhalten zeigen können.

Wahrscheinlich wissen Sie ganz genau, wie es ist, wenn die Selbstzweifel im Kopf einen ständig plagen. Sie wissen ganz genau, wie es sich anfühlt, wenn einen die eigenen Gedanken immer wieder quälen und man immer wieder denkt, dass man im Leben sowieso keinen Erfolg haben wird. Zudem wissen Sie auch ganz genau, welches Verhalten Sie an den Tag gelegt haben, wenn das Leben mal wieder nichts Positives für Sie zu bieten hatte. Dieses Wissen hilft Ihnen dabei, mit mehr Empathie Ihren Mitmenschen gegenüberzutreten. Wenn andere einen schlechten Tag haben und daher einen bösen Kommentar äußern oder jemand Sie schief anschaut, werden Sie sich dies nicht länger zu Herzen nehmen, denn Sie wissen, dass es nicht unbedingt etwas mit Ihnen zu tun haben muss. Niemand hat Schuld daran, wenn er einen anderen Menschen triggert.

An dieser Stelle möchte ich noch einmal erwähnen, dass jeder von uns von seinen Mitmenschen einen Spiegel vor die Augen gehalten bekommt, der einem zeigt, an welchen Punkten man selbst noch arbeiten muss. All die Dinge, durch welche Sie getriggert werden, sind oftmals jene, an welchen man bezüglich der Persönlichkeitsentwicklung noch arbeiten muss.

2.1.7 Freier denken und handeln

Wahrscheinlich kennen auch Sie die Situation: Jemand kommt Ihnen entgegen, schaut einen von Kopf bis Fuß an, und man überlegt sofort, was die Person von einem denken könnte. Möglicherweise kennen Sie auch die ewige Frage, was man wohl wieder falsch gemacht hat, oder den Gedanken daran, dass andere über einen reden könnten. An dieser Stelle kommt wieder das Fremdbild zum Einsatz. Wahrscheinlich ist es auch so, dass Sie sich selbst viel zu oft über dieses definieren. Es wird sich hierbei, wie so oft, um ein verzerrtes Selbstbild handeln und darum, dass Sie etwas vollkommen falsch interpretiert haben. Wieder geht hier alles von Ihnen aus, denn Sie sitzen direkt an der Quelle und Sie können durch Ihr eigenes Selbstbild auch den Blick auf das Fremdbild beeinflussen.

Wahrscheinlich gehen Sie immer wieder davon aus, dass andere nur schlecht von Ihnen denken könnten, Sie ständig bewerten oder sich sogar lustig über Sie machen. Ich möchte keineswegs bestreiten, dass dies bei manchen Menschen nicht zutrifft, schließlich gibt es immer jemanden, der sehr viel Neid in sich trägt. Bezüglich der Persönlichkeitsentwicklung gibt es jedoch einen Unterschied:

1) Man kann das Fremdbild viel besser einschätzen, wenn man sich selbst gegenüber auch positiv eingestellt ist.

2) Das eigene Selbstbild sollte nicht mehr vom Fremdbild abhängig gemacht werden, damit man sich von Selbstzweifeln, Ängsten und Vorurteilen befreien kann.

Daher sollten Sie fortan an folgenden Punkten arbeiten: Stärken Sie Ihr eigenes Sein, wissen Sie, was Sie wollen, und entwickeln Sie ein gesundes Selbstbewusstsein, dann können Sie automatisch auch deutlich freier im eigenen Denken und im Handeln sein.

Kapitel 3: Die zwölf Säulen der Persönlichkeitsentwicklung

Das Buch trägt den Titel: „Die zwölf Säulen der Persönlichkeitsentwicklung“. In den ersten beiden Kapiteln haben Sie bereits erfahren, was Persönlichkeit überhaupt ist, wie sich diese entwickelt, was für die Entwicklung der Persönlichkeit wichtig ist, welche Fehler gemacht werden können, warum die Entwicklung der eigenen Persönlichkeit von Bedeutung ist und welche Vorteile diese mit sich bringt.

In diesem Kapitel möchte ich Ihnen die zwölf Säulen, die für die Entwicklung Ihrer Persönlichkeit von großer Bedeutung sind, genauer vorstellen.

Und das sind die zwölf Säulen:

- „Absolut falsch“ oder „absolut richtig“ gibt es nicht.
- Niemand hat die Macht, andere direkt zu verändern.
- Von Machtbereichen anderer sollte man sich fernhalten.
- An anderen Menschen nervt uns der eigene Charakter.
- Widerstand erzeugt Widerstand.
- Die Summe aller Energien ist konstant.
- Niemand ist schuldig.
- Jeder ist verantwortlich.
- Veränderungen gibt es nur im Jetzt.
- Dem Leben Sinn geben
- Sein und haben
- Auf die eigenen Gedanken achten

Säule 1: „Absolut falsch“ oder „absolut richtig“ gibt es nicht

Jeder Mensch ist aufgrund seiner Erziehung und seines Umfeldes anders geprägt. Durch diese Erfahrungen entwickelt auch jeder seine eigenen Denk- und

Sichtweisen. Das Umfeld kann dementsprechend aus der eigenen Sicht richtig sein, während es für andere nicht richtig ist. Den anderen davon überzeugen zu wollen, dass nur die eigene Sichtweise die richtige ist, hat absolut keinen Nutzen. Vielmehr sollte man lernen, sich von der eigenen Haltung zu lösen, um herausfinden zu können, aus welchem Grund der andere eine vollkommen andere Meinung hat. Dadurch werden Sie eher zum Erfolg kommen.

Säule 2: Niemand hat die Macht, andere direkt zu verändern

Wichtig ist zu verstehen, dass Sie nur einen einzigen Menschen tatsächlich verändern können, und das sind Sie selbst. Um Veränderungen erzielen zu können, ist ein freiwilliger Impuls grundlegend. Niemand kann einen anderen Menschen dazu bringen, die Meinung zu ändern, wenn er es selbst nicht möchte.

Es gilt aber auch zu begreifen, dass das eigene Verhalten immer wieder eine Wirkung auf andere hat. Dementsprechend nehmen Ihre Taten und Handlungen immer wieder Einfluss auf Ihre Mitmenschen. Diese nehmen unser Verhalten wahr und Menschen, mit denen man einen Konflikt hat, erhalten so die Möglichkeit, sich selbst und ihre Handlungsweisen noch einmal gründlich zu überdenken. Wenn wir also etwas von anderen Menschen sehen möchten, müssen wir ihnen genau dieses Verhalten auch vormachen. Das Gleiche gilt andersherum ebenfalls. Das Verhalten anderer nimmt gleichzeitig auch Einfluss auf unser eigenes Verhalten. Man ist immer die Summe jener fünf Menschen, mit denen man sich selbst umgibt.

Säule 3: Von Machtbereichen anderer sollte man sich fernhalten

Wenn man sich in den Machtbereich anderer Menschen einmischt, so bedeutet das, dass man immer wieder Kummer oder Ärger erwarten kann. Daher sollten auch Sie sich immer wieder die Frage stellen, ob Sie tatsächlich so mächtig sind, etwas zu verändern. Wenn Sie auf diese Frage mit „ja" antworten können, sollten Sie auch etwas unternehmen. Lautet die Antwort auf diese Frage jedoch „nein", so sollten Sie die Füße stillhalten.

Säule 4: An anderen Menschen nervt uns der eigene Charakter

Es kommt immer wieder vor, dass uns gewisse Verhaltensweisen oder Charakterzüge bei anderen Menschen nicht gefallen. Der Grund dafür ist, dass man genau diese in irgendeinem Kontext auch in sich selbst trägt. Unser Unterbewusstsein teilt uns dies durch Aggression mit. Wir nehmen also ein Verhalten wahr, welches uns nicht gefällt, und wir erkennen uns darin unterbewusst selbst wieder. Dadurch ärgern wir uns.

Wichtig: Wenn man den Charakterzug, der einem nicht gefällt, nicht auflöst, wird man immer wieder Menschen mit ebendiesen Eigenschaften anziehen.

Säule 5: Widerstand erzeugt Widerstand

Es gibt für jedes Gefühl und jede Emotion auch eine Ursache und einen Sinn. Wer seine körperlichen oder seelischen Schmerzen immer wieder zu verdrängen versucht, hat damit keine lang anhaltende Lösung geschaffen, denn unterbewusst fokussieren wir uns immer wieder darauf. Wir nehmen diese seelischen oder körperlichen Schmerzen zudem noch viel deutlicher und intensiver wahr, anstatt eine Verbesserung zu erzielen. Diesen Zustand kann man nur auflösen, indem man sich selbst reflektiert und verzeiht. Dementsprechend sollten Sie nicht gegen die Strömung, sondern gemeinsam mit ihr zum Ufer schwimmen.

Säule 6: Die Summe aller Energien ist konstant

Jeder Mensch hat Ressourcen bezüglich der eigenen Kraft, Energie und Zeit. Diese sind allerdings begrenzt. All unsere Wünsche und Ziele, die wir anstreben, haben natürlich auch einen Preis. Auf der einen Seite fordern wir etwas für uns oder gewinnen etwas dazu, auf der anderen Seite geben wir dies aber auch wieder ab.

Daher sollte man sich immer wieder mit der Frage beschäftigen, ob man mit dem Verlust, welcher an anderer Stelle stattfindet, einverstanden ist und ob vielleicht jemand anderes durch den vermeintlichen Gewinn etwas verlieren könnte. Jeder Mensch trägt für seine Entscheidung selbst die Verantwortung. Hinzukommt, dass wir alle auch in unterschiedlichen Rollen leben, welche sich gegenseitig beeinflussen. Demzufolge haben Veränderungen auch immer wieder Auswirkungen auf alle unsere Lebensbereiche.

Säule 7: Niemand ist schuldig

Die Erziehung, die äußeren Einflüsse und unsere Erfahrungen nehmen Einfluss auf unser Verhalten. Man kann auch sagen, dass es sich hierbei um eine Rechenaufgabe handelt:

Die äußeren Einflüsse + die Erziehung + eigenen Erfahrungen = unser Verhalten (die Summe).

Niemand ist schuld an seinem eigenen Verhalten und an seinem Leben. Genauso wenig sind es jene Menschen, die uns beeinflussen. Wenn jemand über einen anderen Menschen herzieht oder ihn niedermacht, wird er auch sich selbst durch die Schuldzuweisungen erniedrigen. Dementsprechend fehlt ihm die Fähigkeit, sich selbst zu erkennen, zu verstehen und zu verzeihen.

Säule 8: Jeder ist verantwortlich

Menschen, die erkennen können, dass sie an der momentanen Lebenssituation keine Schuld tragen, werden sich der Eigenverantwortung für ihr Leben und Denken bewusst werden. Jeder Mensch hat die Verantwortung dafür, nach welchen Werten er leben möchte, und dafür, dass er seine negativen Glaubenssätze, Vorurteile oder Ängste nicht an seine Mitmenschen weitergibt. Jeder Mensch muss sich also bewusst werden, dass nur er diese Emotionen und Vorstellungen, die er in sich trägt, sowie alle negativen Muster auflösen und durchbrechen kann. Nur er allein kann diese durch positive Muster und Denkweisen ersetzen.

Säule 9: Veränderungen gibt es nur im Jetzt

Wenn man immer wieder über die Vergangenheit nachdenkt oder sich den Träumen bezüglich der Zukunft hingibt, heißt das längst nicht, dass dies einen positiven Wert erzeugt. Vielmehr entsteht hier ein Zustand des Stillstehens und man wird nicht vorankommen. Wer ständig über die Vergangenheit oder die Zukunft nachgrübelt, wird sich immer wieder ausbremsen.

Was geschehen ist, ist nun mal geschehen und man kann es nicht mehr ändern. Die Zukunft ist offen und man weiß nicht zu hundert Prozent, was diese einem bringt. Die Lebensqualität eines Menschen hängt von dessen Entscheidung ab, ob er im „Hier und Jetzt" leben möchte.

Säule 10: Dem Leben Sinn geben

Menschen, die eine Aufgabe gefunden haben, welche dem eigenen Lebenssinn und den eigenen Zielen entspricht, haben bereits ihre Leidenschaft erkannt. Das hat einen viel höheren Stellenwert als ein Beruf, der keinen persönlichen Zweck erfüllt. Wenn man stets ohne einen Sinn lebt, schafft man sich dauerhafte Unzufriedenheit.

Säule 11: Sein und haben

Manche Menschen werden sich immer über das „Haben-Ziel" definieren. Es ist hier die Rede von der Abhängigkeit in Bezug zu einer Sache. Hat man also etwas Bestimmtes, so geht es einem gut. Dann gibt es wiederum Menschen, die ein „Sein-Ziel" haben und sich Freiheit sowie Unabhängigkeit wünschen. Diese streben meist nach Erlebnissen, Erfahrungen und Fähigkeiten.

Hin und wieder kommt es vor, dass sich die Ziele untereinander bedingen. Ein Beispiel dafür: Um ein Kunstwerk zeichnen zu können, braucht man die notwendigen Utensilien. Oder: Wenn ich eine höhere Gehaltsstufe erreichen möchte, brauche ich neue Fähigkeiten. Diese beiden Ziele existieren in einem Mischverhältnis tief in uns und werden durch neue Lebensphasen verändert. Die Veränderung geschieht dann, wenn ein Sättigungspunkt erreicht wurde.

Eine Hausfrau wünscht sich beispielsweise neue Kleidung sowie Aufregung und Abenteuer. Ein Rockstar, der auf Tournee ist, wünscht sich eine feste Beziehung und Beständigkeit. Hier können wir festhalten: Neue Dinge bringen viel Aufregung mit, während alte Dinge langweilig werden.

Säule 12: Auf die eigenen Gedanken achten

Der Fokus eines Menschen richtet sich immer auf das, woran er gerade denkt. Dies bestimmt wiederum, was er in seiner Umwelt wahrnimmt. Fahren wir beispielsweise ein neues blaues Auto, so sehen wir davon auch plötzlich viel mehr auf der Straße. Der Grund dafür ist, dass unser Gehirn diese Informationen nicht mehr ausfiltert.

Schlimmstenfalls kann das bedeuten, dass wir gewisse Chancen und Möglichkeiten nicht mehr wahrnehmen, obwohl wir quasi gerade mit der Nase darauf stoßen. Durch unsere Wahrnehmung werden unsere Erfahrungen gebildet. Aus diesen entstehen unsere Überzeugungen und Wahrheiten. Daraus entstehen dann unsere Emotionen sowie Reaktionen auf unsere Umwelt. Andere Menschen spiegeln uns diese wider. An dieser Stelle möchte ich Ihnen raten, immer auf Ihre eigenen Gedanken zu achten, denn durch diese wird Ihre Welt erschaffen.

Kapitel 4: Das ist wichtig, bevor man wachsen kann

Wir Menschen unterscheiden uns von den Tieren nicht nur durch unser Aussehen oder unser Verhalten, sondern auch dadurch, dass wir mental dazu in der Lage sind, über uns und unsere Wünsche, Emotionen und sogar unser eigenes Handeln nachzudenken.

Tiere handeln eher intuitiv, also sozusagen nach ihrem Bauchgefühl. Für sie sind die Reize ihrer Umwelt wichtig. Wer Haustiere hat, wird wissen, dass diese manchmal ein seltsames Verhalten an den Tag legen können. Oftmals fragt man sich dann, was in deren Köpfen vorgeht. Wir glauben, dass sie manche Dinge gar nicht anders hätten schaffen können, und wir nehmen an, dass Tiere „dumm" sind. Tatsächlich besitzen sie jedoch eine gewisse Intelligenz, von der wir Menschen uns manchmal eine Scheibe abschneiden könnten. Wenn jeder etwas mehr auf sein Bauchgefühl hören würde, käme man wahrscheinlich schneller zu einer Lösung für die eigenen Probleme.

Doch nicht nur Tiere handeln verstärkt nach ihrem Bauchgefühl, sondern auch Kinder. Wenn man diese beobachtet, wird man feststellen, dass sie mit jeder Menge Gelassenheit durchs Leben gehen. Oftmals fragt man sich dann, ob sie überhaupt keine Angst verspüren. Sie klettern auf hohe Bäume, springen von großen Steinen oder Mauern herab und haben keine Scheu davor, die Nachbarkatze zu streicheln, obwohl diese vielleicht kratzen könnte.

Ein Kind wird niemals stundenlang auf einem Sofa sitzen und über seine aktuelle Situation grübeln. In der Nacht wachen sie nicht auf, weil sie von Zukunftsängsten geplagt werden. Kinder machen stets das, was ihnen gerade in den Sinn kommt und was in diesen Augenblicken für sie wichtig ist. Auch wir Erwachsenen konnten das einmal, doch wir haben es scheinbar verlernt. Hinzu kommt, dass unsere Gesellschaft es nahezu verbietet. Fast alle Erwachsenen neigen dazu, sich darüber Gedanken zu machen, was wohl andere von ihrem Verhalten denken. Hierbei handelt es sich um Fremdwahrnehmung. Tatsächlich sollte uns diese aber gar nicht so stark interessieren. Jeder Mensch darf in seinem eigenen Körper leben, denn darin ist seine Seele zu Hause. Warum interessiert es einen, was wohl die Nachbarn denken, wenn man seine Fenster nicht regelmäßig putzt? Niemand ist ein schlechter Mensch, nur weil er schmutzige Fenster hat. Manchmal bilden wir uns auch einfach nur ein, dass andere schlecht von uns denken.

Wer an seiner eigenen Persönlichkeit arbeiten möchte, der muss begreifen, dass es wichtig ist, die Meinungen anderer Menschen auszublenden.

Um seine Persönlichkeit weiterentwickeln zu können, muss man sich selbst gut kennen. Damit ist nicht nur gemeint, dass man seinen Namen, den Geburtstag und die Anschrift kennt. Man muss auch wissen, welche Hobbys man hat. Doch auch das ist noch lange nicht genug, denn dies sind lediglich wichtige Merkmale, welche in heutigen „Freundebüchern" abgefragt und notiert werden können. Ich möchte keineswegs abstreiten, dass diese Merkmale nicht zu unserer Persönlichkeit beitragen, denn das tun sie allemal, dennoch machen sie das wahre Ich einer Person nicht aus.

Man kann sagen, dass eine Person, welche gern Musik macht oder Instrumente spielt, musikalisch ist. Eine Person, die gern malt, ist kreativ. Wieder eine andere Person treibt gern Sport und man kann sagen, dass diese aktiv ist. Aber wenn wir uns einmal genauer damit befassen, so erkennen wir, dass all diese Eigenschaften nicht viel über die Persönlichkeit selbst erzählen. Viele andere Menschen können diese Eigenschaften nämlich ebenfalls besitzen. Jede Persönlichkeit ist jedoch individuell. Das bedeutet: Diese Persönlichkeit gibt es auf der ganzen Welt nur ein einziges Mal. Natürlich gibt es auch Personen, welche den gleichen Namen tragen oder sogar am selben Tag Geburtstag haben. Vielleicht haben manche auch ähnliche Interessen. Die Persönlichkeit beider Menschen ist jedoch nicht identisch.

Die Persönlichkeit eines Menschen wird durch zahlreiche Faktoren beeinflusst. Unter anderem zählt hierzu auch die eigene Biografie. Unsere Gedanken, Gefühle und Handlungen werden jeden Tag neu geformt, somit auch unser Selbst. All unsere Entscheidungen machen uns zu der Person, die wir sind. Alle noch so kleinen Details gehören dazu.

Beispiel: Sie haben entschieden, dass Sie am Wochenende einmal so richtig ausschlafen wollen und nicht mit Ihrer Freundin wie gewohnt Rad fahren. Natürlich ist das keine Sache, welche die Welt verändert. Ihre Freundin wird möglicherweise trotzdem früh aufstehen, sich aufs Rad setzen und einige Kilometer radeln.

Unterwegs findet sie ein verletztes Tier und bringt es zur Tierklinik. Jeder hat hier seine eigene Entscheidung getroffen, wodurch unterschiedliche Erfahrungen gemacht wurden. Dadurch ändert sich etwas in Ihrer Biografie sowie in der Ihrer Freundin. Möglicherweise vergisst Ihre Freundin genau diesen Tag nicht so schnell und hat aus dieser Situation auch etwas Wichtiges für sich herausgefunden.

Dieses Beispiel macht deutlich, dass sich unsere Persönlichkeit täglich verändert. Es spielt dabei keine Rolle, ob es sich um kleine oder um große Schritte handelt, denn man macht trotzdem einen Schritt in eine neue Richtung. Wenn wir eine neue Richtung einschlagen, ist das nicht immer die, welche wir uns tatsächlich für uns selbst gewünscht haben. Manchmal wird man durch ein schlimmes Ereignis zurückgeworfen und geht dadurch rückwärts. Sie sollten immer daran denken, dass Sie Ihr Leben selbst in den Händen haben und eigene Entscheidungen treffen können, um etwas zu verändern. Sie sind Ihr eigener Lehrer. Gleichzeitig sind Sie aber auch Ihr Freund, Ihr Motivator und ebenfalls Ihr größter Feind.

Wenn Sie also etwas an Ihrer Persönlichkeit verändern beziehungsweise diese weiterentwickeln wollen, müssen Sie genau das herausfinden und dann einen eigenen Weg einschlagen, um tatsächlich eine Veränderung vornehmen zu können. Wenn Sie nicht wissen, wie der Weg aussehen soll, Sie diesen auch nicht gehen, dann nützt es Ihnen auch nichts, das Ziel zu kennen. Wer den Weg nicht kennt oder geht, wird auch das Ziel nicht erreichen.

Beispiel: Sie wissen, dass auf einem Berg ein wunderschönes Schloss steht, welches Sie gern anschauen möchten. Es ist schon lange Ihr großer Traum, oben auf dem Berg in das Schloss hineingehen zu können, um dann aus dessen Fenstern hinab ins Tal zu blicken. Stellen Sie sich vor, dass Sie genau dort oben stehen und die frische Luft spüren, die Sie umweht. Sie fühlen sich fast schon wie ein König, weil Sie es geschafft haben. Das können Sie aber nur genießen, wenn Sie den Weg gehen und die Herausforderung meistern, um an Ihr Traumziel zu gelangen.

Natürlich bedarf es im Vorfeld für diesen Ausflug jeder Menge Planung. Man muss eine Route festlegen, den Tag und die Uhrzeit für die Abreise planen, etwas Proviant vorbereiten und möglicherweise auch eine Wanderausrüstung anschaffen. Freilich braucht man hierfür auch jede Menge Mut und Motivation. Wenn Sie nur das Material haben, nützt es Ihnen rein gar nichts, wenn Sie sich damit niemals auf den Weg begeben.

Fazit: Wer nicht losgeht, kann auch nicht ankommen.

Es reicht aber nicht, sich selbst besser zu kennen. Es spielt auch eine Rolle, die anderen besser einschätzen zu können. Immerhin haben wir täglich mit anderen Menschen zu tun und es wäre schlimm, wenn man nicht irgendwie dazu in der Lage ist, diese einzuschätzen. Ebenso schlimm wäre es, wenn man andere Menschen komplett meidet.

4.1 DIESE FAKTOREN SIND FÜR DIE PERSÖNLICHKEITSENTWICKLUNG EBENFALLS WICHTIG

4.1.1 Menschenkenntnis erlangen

Auch die Menschenkenntnis zählt zu den interessanten Themen bezüglich der positiven Psychologie und ist ebenfalls für die Persönlichkeitsentwicklung von Bedeutung. Menschen, die emotional intelligent sind, können die Welt mit ganz anderen Augen sehen. Sie haben die Fähigkeit, empathisch zu sein und die Gefühle der anderen Menschen zu erkennen, diese zu beeinflussen und auch zu verstehen. Solche Menschen gelten zudem als wahre Führungspersönlichkeiten. Sie sind dazu in der Lage, die eigenen Emotionen sowie die Gefühle ihres Gegenübers zu steuern. Auf diese Art und Weise können sie ihre Ziele wunderbar verwirklichen.

Man nimmt an, dass ein einziger Blick ausreicht, um einen anderen Menschen einschätzen zu können. Allerdings ist es notwendig, genauer hinzusehen, wenn man wissen will, wie der andere tatsächlich tickt. Auch wenn immer behauptet wird, dass der erste Eindruck zählt, so ist es doch eher der dritte, vierte oder gar der fünfte. Damit möchte ich verdeutlichen, dass der erste Eindruck falsch sein kann. Grund dafür ist, dass es sich hierbei nur um eine spontane Einschätzung handelt, welche in ebendiesem Moment vorgenommen wird. Man erhält nur Einsicht über einen winzig kleinen Ausschnitt. Ein Mensch mit guter Menschenkenntnis kann erst wirklich hinter die Fassade eines anderen Menschen blicken.

4.1.2 Lauernde Gefahren

Es besteht immer wieder die große Verlockung, in die Augen eines anderen Menschen zu schauen und sich sofort eine Meinung darüber zu bilden, wie ebendieser tickt. Ja, es ist eine sehr große Verführung, mit einem einzigen Blick zu sagen, wie der andere fühlt oder was dessen Persönlichkeit ausmacht. Tatsache ist aber, dass dies keineswegs so einfach möglich ist. Bereits die Menschen aus der Antike waren davon fasziniert, aus den Gesichtern anderer zu lesen. Die Schriften von Aristoteles gehören zu den ältesten Aufzeichnungen diesbezüglich. Auch er hat sich bereits mit diesem Thema beschäftigt.

Es ist eine traurige Tatsache, dass durch den ersten Blick, indem man das Äußere einer Person wahrnimmt, innerhalb von wenigen Sekunden auf die seelischen Eigenschaften geschlossen wird. Dies kann zu einer Fehleinschätzung führen und bringt Vorurteile hervor. Genau aus diesem Grund braucht es kein Halbwissen, sondern echte Menschenkenntnis.

Die sogenannte Physiognomik galt früher als echtes Geheimwissen. Priester setzten dieses Wissen oftmals für okkulte Zwecke ein. Einen höheren Stellenwert konnte dieses Teilgebiet der Ausdruckspsychologie im späteren Zeitalter erlangen. Erst dann wurde es immer mehr als wissenschaftliche Lehre anerkannt. Allerdings führten die neuen Erkenntnisse der Physiognomik zu schlimmen Folgen. Im 19. und 20. Jahrhundert kam diese zum Einsatz, um Rassismus auf wissenschaftlicher Ebene zu untermauern. Eigentlich war die Physiognomik dafür gedacht, dass man sich in andere hineinversetzen konnte, einen sensibleren Umgang mit anderen pflegte und Wertschätzung gegenüber Unterschieden ermöglichte.

4.1.3 Erster Anhaltspunkt

Die Eigenschaften der Willenskraft oder Intelligenz lassen sich vermeintlich an der Breite des Mundes, der Kopfform oder auch der Stirnhöhe festmachen. In der Sozialpsychologie löst diese Annahme aber immer noch große Diskussionen aus.

Fachleute gehen nämlich davon aus, dass sich aufgrund dieser Erkenntnis kein besseres Verständnis für andere herleiten lässt. Zu unterschiedlichen Schlussfolgerungen kommen diesbezüglich auch zahlreiche Studien.

Die Experten sind sich jedoch in einem Punkt einig: Das erste Urteil, welches man über einen anderen Menschen fällt, ist oberflächlich. Um die Persönlichkeit eines anderen grob zu umreißen, kann man diesen ersten Eindruck dennoch verwenden. Möglicherweise ist das erste Urteil auch ein Schutzmechanismus, welcher der Evolution entstammt. Man versucht, sich abzusichern, ehe man einen anderen Menschen tatsächlich näher an sich herankommen lässt. Anhand der ersten Eindrücke wird dann intuitiv entschieden, ob die Person es gut mit einem meint oder ob diese doch ein Feind sein könnte. In gewisser Weise ist diese erste Einschätzung sinnvoll. Dennoch bleibt dies ein Anhaltspunkt, welcher auf den eigenen Gefühlen und der eigenen momentanen Einschätzung beruht.

4.1.4 Emotionen ablesen

Der US-Psychologe Paul Ekman entwickelte eine Methode, mit welcher man andere Menschen besser einschätzen können soll. Diese trägt den Namen: *facial action coding system*, kurz: Facs. Dieses stammt bereits aus dem Jahr 1978. Die sieben Basisemotionen sollen anhand der Muskelbewegungen des Gesichts erkennbar sein. Der Psychologe meint, dass diese bei jedem Menschen erkennbar und vorhanden sind. Unter anderem zählen dazu Angst, Ekel, Ärger, Freude, Überraschung, Trauer und Verachtung.

Viele Computerprogramme, welche der Emotionserkennung dienen, beruhen auf der Methode von Paul Ekman. Da sich die Mimik kontrollieren lässt, ist diese Methode eher umstritten. Auch hier gehen daher Kritiker davon aus, dass sich mit dieser Methode keine richtige Einschätzung vornehmen lässt.

4.1.4 Berücksichtigung des eigenen Einflusses

Wer eine andere Person einschätzen möchte, der muss sich bewusst sein, dass dies nicht auf den ersten Blick funktioniert. Der Grund dafür ist, dass man nicht dazu fähig ist, einen neutralen Blick auf die andere Person zu werfen. Die Grundlage für die persönliche Bewertung ist nämlich immer von der eigenen Stimmung und den individuellen Erfahrungen sowie den kulturellen Hintergründen abhängig.

Jeder Mensch packt den anderen voreilig in eine Schublade, dabei fehlen zahlreiche Informationen, um diese Einsortierung überhaupt zu rechtfertigen. Es ist daher wichtig, dass man sich immer wieder ins Gedächtnis ruft, dass man durch das Äußere keinen Blick auf die inneren Werte erhält. Wer diese erkennen möchte, muss genauer hinschauen und Fragen stellen:

- Wie geht die Person mit anderen Menschen um?
- Welche Ideale hat die Person?
- Was ist für die Person wichtig?

Es sollte immer mit Sorgfalt vorgegangen werden. Dies gilt insbesondere bei Dingen, die Ihnen selbst wichtig sind. Auch, wenn man bereits glaubt, man hätte eine gute Menschenkenntnis, kann man immer noch falschliegen. Niemand hat auf den ersten und spontanen Eindruck wirklich Einfluss. Dieser kann dazu genutzt werden, dass man genauer hinschaut und die eigene Meinung eventuell ändert. Nur so handelt man fair. Wenn Sie so agieren, kann dies auch ein wirklicher Gewinn für Sie sein, denn manchmal sind Menschen, die man vorschnell verurteilt, sehr wertvolle Menschen.

4.1.5 Das eigene Urteilsvermögen verbessern

Behalten Sie immer wieder in Ihrem Gedächtnis, dass Sie andere Menschen niemals objektiv betrachten. Bleiben Sie stets offen und wachsam. Rufen Sie sich in Erinnerung, dass Ihre Betrachtungsweise auf der Grundlage der eigenen Erfahrungen basiert. Für die Persönlichkeit eines Menschen sind die Äußerlichkeiten kein Indiz. Wenn jemand attraktiv ist, heißt das nicht, dass die Person auch schlau ist. Eine Person ist nicht gleich lustig, nur weil sie dick ist. Es handelt sich hierbei lediglich um Klischees.

Die eigenen Vorurteile sollten hinterfragt werden. Reflektieren Sie diese. Man beurteilt ganz unbewusst andere Menschen oder auch Altersgruppen. Trainieren Sie Ihre Empathiefähigkeit. Versuchen Sie immer, sich in andere hineinzuversetzen, ehe Sie eine negative Bewertung abgeben. Fragen Sie sich, warum dieser Mensch so reagiert, was hinter seinem Verhalten steckt oder worin seine Handlungen begründet sein könnten.

Auch die Zwischentöne im Gespräch sollten Beachtung erhalten. Durch diese erfährt man eine ganze Menge über die andere Person. Hören Sie also genau hin, damit Sie erkennen, was der andere wie sagt. Das verrät eine Menge über den Charakter des Gegenübers.

Kapitel 5: Wie und wo fängt man an, die Persönlichkeit zu entwickeln?

Wo fängt man an, wenn man seine Persönlichkeit verändern beziehungsweise weiterentwickeln möchte? Im Grunde genommen knüpft dieses Kapitel direkt an das vorherige an. Erst einmal müssen Sie sich darüber im Klaren sein, dass eine Veränderung der eigenen Persönlichkeit nur durch Sie selbst stattfinden kann.

Tatsache ist, dass die Persönlichkeitsentwicklung nicht nur auf der mentalen, sondern auch auf der körperlichen Ebene stattfindet. Daher sollten Sie sich zu Beginn darüber bewusst werden, was genau Sie überhaupt verändern wollen. Überlegen Sie sich ganz genau, in welchen Bereichen Sie eine Veränderung erreichen oder Ihre Einstellungen ändern wollen. Hierfür geben Sie sich ausreichend Zeit, denn diese brauchen Sie, um tatsächlich an Ihrer Persönlichkeit arbeiten zu können. Persönlichkeitsentwicklung funktioniert zudem auch nicht von heute auf morgen. Wer Erfolg erzielen möchte, muss sich darauf einstellen, dass es ein längerer Prozess wird. Für diesen brauchen Sie nun einmal Zeit und Durchhaltevermögen.

Sehr viele Menschen richten bei der Persönlichkeitsentwicklung ihren Fokus eher auf den psychischen Bereich. Der Grund dafür ist, dass man sich in diesem Bereich tatsächlich am schnellsten über Erfolge freut. Dadurch ist man dann umso stärker motiviert, weiter an sich selbst zu arbeiten. Wenn auch Sie nun damit beginnen wollen, intensiv an Ihrer Persönlichkeit zu arbeiten, so müssen Sie sich immer bewusst machen, dass Sie dies für sich und nicht für andere Menschen tun. Sie entwickeln Ihre Persönlichkeit für Ihr eigenes Glück, für Ihre Erfolge und Ihr Wohlbefinden weiter. Was andere denken, sollte für Sie fortan keine große Rolle mehr spielen.

5.1 DIE EIGENEN BEDÜRFNISSE MÜSSEN IM VORDERGRUND STEHEN

Höchstwahrscheinlich sind sehr viele Menschen mit ihrer aktuellen Situation sehr unzufrieden. Das liegt unter anderem auch daran, dass die eigenen Bedürfnisse nicht ausreichend befriedigt werden. Nur diejenigen, die ihre Bedürfnisse tatsächlich befriedigen, können ihr Wohlbefinden steigern und somit auch ihre Persönlichkeit weiterentwickeln.

Da die Bedürfnisbefriedigung bei der Persönlichkeitsentwicklung eine wichtige Rolle spielt, möchte ich in diesem Abschnitt auch auf die Bedürfnisse sowie die Motivationen des Menschen eingehen. Der wohl bekannteste Psychologe, Abraham Maslow hat hierfür eine Bedürfnispyramide geschaffen, welche fünf Kategorien von Bedürfnissen vereint. Maslow gilt auch als ein Wegbereiter der Psychoanalyse sowie Verhaltensforschung.

Die fünf Kategorien, welche Maslow in seiner Pyramide zusammenfasst:

- Erste Ebene: Physiologische Bedürfnisse
- Zweite Ebene: Sicherheitsbedürfnisse
- Dritte Ebene: Soziale Bedürfnisse
- Vierte Ebene: Ich-Bedürfnisse
- Fünfte Ebene: Selbstentfaltungsbedürfnisse

Die erste Ebene bildet die Basis dieser Pyramide, während die fünfte Ebene die Spitze darstellt. Der Mensch muss also diese Pyramide von unten nach oben erklimmen. Hierbei kann keine der Ebenen außer Acht gelassen werden. Man kann sie auch nicht vertauschen. Bei allen Menschen ist diese Aufteilung der Pyramide gleich. Allerdings sind die Grenzen hierbei unterschiedlich.

Maslow hat die Pyramide zudem in zwei Teilbereiche unterteilt: die ersten drei Ebenen stehen für die sogenannten „Defizitbedürfnisse“, während die vierte Ebene und die Spitze die „Wachstumsbedürfnisse“ darstellen. Es ist sehr wichtig, dass man diese beiden Bereiche unterscheidet. Wenn es in den ersten drei Ebenen zu einem Mangel kommt, entwickelt sich daraus nicht selten eine Störung und somit sind die übrigen Ebenen nahezu stillgelegt. Für ein besseres Verständnis schauen wir uns die einzelnen Ebenen nun noch etwas genauer an.

5.1.1 Erste Ebene: Physiologische Bedürfnisse

Diese Ebene fasst sozusagen die lebensnotwendigen physiologischen Bedürfnisse zusammen. Hierzu zählen Folgende:

- Nahrung
- Trinken
- Schlaf
- Körperliches Wohlbefinden (Wärme)

Ohne diese Faktoren ist kein Mensch lebensfähig. Wenn diese Bereiche unbefriedigt bleiben, kann ein Mensch Krankheiten bekommen, durch welche er bleibende Schäden davonträgt. Dies kann auf körperlicher, aber auch auf psychischer Ebene geschehen.

5.1.2 Zweite Ebene: Sicherheitsbedürfnisse

Bei den Sicherheitsbedürfnissen kann man in materielle Bedürfnisse wie beispielsweise Wohnung und Beruf sowie dem Wunsch nach Geborgenheit und Schutz der eigenen Person unterteilen. Bei Kindern ist das Verlangen nach ebendiesen Bedürfnissen sehr stark gegeben, da sie sich hauptsächlich in einem heimischen Umfeld und in einem, wo sie sich geborgen fühlen, gut entwickeln können.

5.1.3 Dritte Ebene: Soziale Bedürfnisse

Die sozialen Bedürfnisse bilden die letzte Stufe der Defizitbedürfnisse. Hierzu zählen die Folgenden:

- Familie
- Liebe
- Gruppenzugehörigkeit
- Freunde

Dem Menschen ist es von Natur aus gegeben, dass er mit anderen zusammen sein möchte. Ein Mensch ist sozusagen kein Einzelgänger. Das schließt jedoch nicht aus, dass es Menschen gibt, welche mit ihrer Familie nichts zu tun haben wollen, doch dann springt der Freundeskreis als Ersatz ein. Nicht jeder Mensch möchte demzufolge einer bestimmten Gruppierung angehören. Im entferntesten Sinn kann man dennoch alle Personen einer Gruppe zuordnen. Sträubt man sich gegen alle Gruppen, so gehört man zu der Gruppe, die sich gegen alle anderen wehrt. Das verdeutlicht, dass man nie allein ist.

Tatsache ist, dass Liebe nicht immer verschenkt wird oder man selbst nicht weiß, wie man diese annehmen soll. Es zählen auch andere Arten von Liebe, beispielsweise Selbstliebe, Tierliebe oder Naturliebe dazu. Demnach ist jeder Mensch immer mit irgendeiner Liebe, mit etwas oder jemandem verbunden.

Es gibt außerdem auch die Kategorie der Wachstumsbedürfnisse. Diese sind in den beiden letzten Ebenen der Pyramide vereint. Es ergibt jedoch erst Sinn, sich diesen Bedürfnissen zu widmen, wenn man die vorigen tatsächlich erfüllt hat. Die Wachstumsbedürfnisse bauen demzufolge auf den Defizitbedürfnissen auf. Ein Mensch kann also nur an sich selbst arbeiten, wenn er dafür eine ausreichende Basis entwickelt hat. Das lässt sich ganz wunderbar mit dem Neubau eines Hauses vergleichen. Als ersten Schritt legt man dabei den Grundstein. Man erschafft sich also ein Fundament und darauf baut man dann die Wände auf, um schließlich ein Dach daraufzusetzen. Wenn ein Haus nicht das gewisse Mindestmaß an Bausteinen hat, wird es in sich zusammenfallen und man kann niemals mit dem Dach abschließen. Demzufolge gilt immer: Die Defizitbedürfnisse müssen befriedigt sein.

5.1.4 Vierte Ebene: Ich-Bedürfnisse

Diese Ebene nennt man auch individuelle Bedürfnisse. Der Name dieser Ebene lässt bereits erahnen, dass sich hier alles um das eigene Selbst dreht. Jeder Mensch ist einzigartig. Demzufolge sind es auch die Charaktereigenschaften eines jeden Individuums. Aufgrund dessen kann man hier keine klar definierten Bedürfnisse festlegen. Wir alle streben nach anderen Zielen und erachten andere Dinge als wichtig. Bei dem einen ist es der Wunsch nach Anerkennung und Lob, der andere strebt nach Macht und großen Erfolgen. Man bezeichnet dies auch als „Streben nach Selbstakzeptanz“. Dieses wird sehr stark von außen beeinflusst, denn viele Menschen suchen nach der Bestätigung anderer Personen. Diese sollen dann mitteilen, wie gut oder schlecht man seine eigene Arbeit gemacht hat. Wir erwarten von ihnen, dass sie uns sagen, wie toll wir als Eltern fungieren usw.

Hier ist natürlich auch das Machtbedürfnis, welches wir durch die Führung einer Gruppe oder sogar von einer ganzen Firma erlangen, möglich. Hinzu kommt der Respekt, welchen wir uns von anderen Menschen verdienen. Dennoch sollte die Selbstakzeptanz nicht ausschließlich durch unsere Außenwelt bedingt werden. Wer sich etwas vorgenommen hat und dies auch tatsächlich von seiner To-do-Liste abhaken kann, sollte sich auch selbst loben können. Wer sich für seine getane Arbeit selbst loben kann, gibt sich damit ein gutes Gefühl.

Man sollte auch nie vergessen, dass man nicht zu hart mit sich selbst ins Gericht geht, nur weil mal etwas nicht so klappt, wie man es sich vorstellte. Zudem sollte man auch keine Scheu davor haben, sich Hilfe von anderen zu holen. All das gehört nun mal zu unserem Leben dazu und sollte auch genauso akzeptiert werden. Es gibt keinen Menschen, der perfekt ist, und genau das ist auch gut so. Jeder sollte stets versuchen, sein Bestes zu geben, und die möglichen Niederlagen auch akzeptieren. Wenn Sie Kinder haben, wissen Sie bereits, wie man ihnen beibringt, dass das Verlieren nun einmal auch zum Spiel gehört. Genau diese Botschaft sollten wir auch hin und wieder an uns selbst richten. Möglicherweise wären wir dann nicht mehr ganz so niedergeschlagen und unser Blick wäre viel weiter.

Tatsache ist nämlich, dass Zweifel und Grübelei unsere Sicht vernebeln können. Dadurch fühlen wir uns dann als Versager und am Ende des Tages liegen wir traurig im Bett. Wenn es uns gelingt die Situation anzunehmen und uns bewusst zu machen, dass wir nicht immer perfekt sein können und dass Fehler vollkommen in Ordnung sind, so können wir am Ende des Tages beruhigt ins Bett gehen und schlafen. Wir haben so trotz Niederlagen die Möglichkeit, am Ende des Tunnels immer noch das Licht zu sehen. Das ermöglicht es uns, die Probleme auch aus einer anderen Sichtweise heraus zu betrachten, auf andere Gedanken zu kommen und einen alternativen Lösungsweg zu finden.

Machen Sie sich bewusst, dass nicht alles in „gut oder schlecht“ bzw. „schwarz oder weiß“ einzuteilen ist. Manche Dinge sind auch bunt und das ist vollkommen in Ordnung und wichtig. Sie dürfen auch einmal den Überblick verlieren oder um Hilfe bitten, wenn Sie diese benötigen. Ebenfalls ist es in Ordnung, wenn Sie Ihr Ziel früher erreichen als gedacht. Das Leben spielt bei jedem anders, als man es plant, nicht nur bei Ihnen. Es gibt keine Menschen, die von Geburt an bis zum Tod immer nur Glück oder Erfolg hatten. Was hinzukommt, ist, dass jeder Mensch auch aus Niederschlägen und ganz besonders aus den eigenen Fehlern lernt, egal, ob sie groß oder klein sind.

Aus diesem Grund sollte jeder Mensch herausfinden, welche Stärken und Schwächen er hat und diese auch akzeptieren. Jeder muss lernen, wie er am besten mit seinen Stärken und Schwächen leben kann. Nur so kann man an ihnen arbeiten und daran wachsen. Selbstakzeptanz bedeutet nämlich nichts anderes als das.

5.1.5 Fünfte Ebene: Selbstentfaltungsbedürfnisse

Jetzt sind wir bereits an der Spitze der Pyramide angelangt. Diese wird von den Selbstentfaltungsbedürfnissen gebildet. Es geht dabei darum, das eigene Potenzial vollkommen auszuschöpfen, die eigene Persönlichkeit entwickeln und entfalten zu können. Mit anderen Worten soll ein Mensch beim Erreichen dieser Ebene dazu in der Lage sein, seinen eigenen Weg zu finden, denn auch die Entfaltungsbedürfnisse sind von Mensch zu Mensch vollkommen unterschiedlich.

Niemand auf der ganzen Welt muss sich einreden lassen, es sei egoistisch, wenn er von seinen eigenen Bedürfnissen spricht. Wer an sich selbst arbeiten und mit sich selbst im Reinen sein möchte, sagt damit auch nicht, dass er keinerlei Interesse an der sozialen Interaktion hat. Tatsächlich hat das nämlich noch eine viel größere Bedeutung: Man möchte Verantwortung für das eigene Wesen übernehmen und somit das Leben nach den besten Möglichkeiten und eigenen Wünschen selbst gestalten. Demzufolge ist das Wort „Egoismus" hier völlig fehl am Platz. Tatsächlich wird die Spitze von Maslows Pyramide mit Individualismus assoziiert. Wer individuell sein möchte, der braucht auch eine eigene Identität, also eine eigene Persönlichkeit. Menschen, die sich stets und ständig an den Werten anderer orientieren oder deren Meinung einfach übernehmen, ohne dass sie sich dabei selbst ein Bild von den Dingen gemacht haben, können niemals eine eigene Persönlichkeit haben und diese ausleben.

Wenn wir von Individualität sprechen, so sind damit die Interessen, Eigenschaften, Wünsche und Ziele einer Person gemeint. Jeder Mensch neigt dazu, dass er sich Dinge kauft, welche ihn von anderen Menschen unterscheiden sollen. Das kann beispielsweise eine richtig moderne Küche oder ein Laptop sein, der zahlreiche hochmoderne Funktionen vereint. Das sind allerdings materielle Güter, durch die dann versucht wird, sich zu definieren. Diese Dinge werden erworben, da man annimmt, dass sie Macht, Schönheit, Wohlstand und noch viele andere Dinge repräsentieren.

Wir leben in einer digitalisierten und globalen Welt. In dieser profitiert vor allem die Werbebranche von den Bedürfnissen der einzelnen Menschen. Daher nutzen Werbefachleute auch alle möglichen Marketingtricks aus, damit sie den Konsum von uns Menschen kontrollieren können. Viele Menschen glauben, dass sie durch solche supertollen Gerätschaften zu einer besonderen Person werden. Dabei vergessen sie jedoch, dass es externe Faktoren sind. Es handelt sich hierbei um künstlichen und von außen produzierten Materialismus. Dieser hat aber rein gar nichts mit der eigenen Persönlichkeit oder dem Innenleben einer Person zu tun. Beim Individualismus geht es vielmehr darum, dass der eigene Charakter entfaltet und somit auch die Sichtweise auf die Welt und auf sich selbst hinterfragt wird.

Wichtig: Nur ein Mensch, der dazu in der Lage ist, die eigenen Handlungen, Eigenschaften und Gefühle zu reflektieren, kann auch damit beginnen, eigenständig zu denken. Dadurch entwickelt er sich immer weiter und auch das Ziel, einzigartig zu sein. Dazu muss man hin und wieder die eigene Komfortzone verlassen.

Kapitel 6: Die Komfortzone verlassen und negative Glaubenssätze auflösen

6.1 DIE KOMFORTZONE

Um die eigene Persönlichkeit weiterentwickeln zu können und somit das Bestmögliche aus sich herauszuholen, ist es wichtig, dass man auch die eigene Komfortzone verlässt. Was aber ist die eigene Komfortzone und warum fühlen wir uns in dieser so wohl? In diesem Kapitel möchte ich gemeinsam mit Ihnen genau dieser Frage auf den Grund gehen.

Eigentlich ist das ganz einfach. Sie nehmen sich vor, ab morgen jeden Tag Sport zu treiben, um endlich wieder fitter zu werden. Außerdem möchten Sie auch Ihre Ernährung anpassen, um Ihren Körper mit allen wichtigen Vitaminen und Nährstoffen zu versorgen, die er braucht, und optimale Leistungen erzielen zu können. Dafür möchten Sie schon früh am Morgen aufstehen, damit Sie alle Ihre Ziele auch erreichen können.

Doch wie es nun einmal so ist, drücken Sie auf Ihrem Handy fast schon automatisch die Schlummerfunktion des Weckers. Nach einer halben Stunde verspätetem Aufstehen gehen Sie schließlich in die Küche, immer noch mit dem Gedanken, ein gesundes Frühstück zu sich zu nehmen, wären da nicht das Weißbrot und das Nutellaglas, welche Ihnen fast schon Ihr schönstes Lächeln schenken. In diesem Moment denken Sie sich: „Okay, ich verschiebe es auf morgen. Dann wird es gewiss gelingen, früh genug aufzustehen, um ein gesundes Frühstück zu mir zu nehmen, Sport zu treiben und möglichst viel am Tag zu erreichen." Vielleicht denken Sie sich auch, dass es doch besser wäre, erst im nächsten Monat mit der neuen Lebenseinstellung zu beginnen. Möglicherweise geht Ihnen auch durch den Kopf, dass ein neues Jahr neues Glück bringt. An dieser Stelle sollten Sie jedoch ganz laut „Stopp" rufen. Sie müssen sich der Tatsache bewusst werden, dass es sich nicht um einen temporären Zustand, sondern wirklich um eine dauerhafte Umstellung handelt.

Sie müssen lernen, Ihre eigene Einstellung sowie Ihre bisherigen Gewohnheiten zu verändern, nur so können Sie etwas im Leben erreichen. Sie stehen nicht kurz vor einem Hundertmeterlauf, sondern vor einem Marathon. Beim Hundertmeterlauf sieht man direkt das Ziel vor den eigenen Augen. Bei einem Marathon ist das anders. Hier muss man sich die Strecke einteilen und die Geschwindigkeit herunterfahren, damit man auch mal etwas durchatmen kann. Wer wirklich etwas in seinem Leben verändern möchte, muss sich genau daran orientieren. Natürlich ist es nie einfach, sich das eigene Ziel immer wieder vor Augen zu führen und im Fokus zu behalten. Das wird schwieriger, wenn man auf einen Umweg gerät oder einen der innere Schweinehund besucht. Es ist natürlich anstrengend durchzuhalten und es erfordert auch jede Menge Kraft, das eigene Ziel nicht aus den Augen zu verlieren.

Sie müssen sich klarmachen, dass nichts daran verkehrt ist, auch einmal anzuhalten, sich auszuruhen oder einen Rückschritt zu machen. Wichtig ist, dass man all das nutzt, um für die weitere Strecke Anlauf zu nehmen. Zudem sind Umwege ebenfalls vollkommen in Ordnung, um auf eine andere Art und Weise an sein Ziel zu gelangen. Sie sollten aber niemals zulassen, dass der innere Schweinehund, Ihre schlechten Gewohnheiten, Angst vor dem Scheitern oder mangelnde Motivation Ihnen eine Grube graben, in die Sie hineinfallen und somit Ihr Ziel nicht erreichen.

Das sind im Übrigen all die Faktoren, um die es sich dreht, wenn wir eine Antwort auf die Frage am Anfang des Kapitels finden wollen. All das sind die Gründe, warum es vielen so schwerfällt, auch in Dürreperioden durchzuhalten. Sehr viele Menschen müssen sich tatsächlich hart nach oben arbeiten, damit sie letztendlich viel Geld verdienen und Spaß an ihrer Arbeit haben. Tatsache ist jedoch, dass der Mensch sehr faul ist. Jeder möchte es sich so einfach wie möglich machen, um mit dem minimalsten Aufwand so viel Geld wie möglich zu verdienen. Die Realität sieht jedoch anders aus und fordert von uns Durchhaltevermögen sowie Determination.

Unser innerer Schweinehund kommt immer wieder dann zu Besuch, wenn wir vor neuen Herausforderungen im Leben stehen. Er möchte uns dann davon überzeugen, dass wir so, wie wir sind, gut aussehen, genügend Geld haben oder von anderen Dingen, welche in der Realität ganz anders aussehen. Vielleicht wissen Sie selbst genau, dass der Beruf der Erzieherin Sie niemals glücklich macht, doch der innere Schweinehund sagt Ihnen dann, dass es schon immer Ihr Traum war, Kinder zu erziehen, anstatt als erfolgreiche Autorin zu leben. Dabei setzt er auf Ihre eigene Unsicherheit sowie Ihr mangelndes Selbstbewusstsein. Beides klebt ganz fest an Ihnen und hält Sie somit in der Gemütlichkeit Ihrer Komfortzone gefangen.

Die **Komfortzone** ist Folgendes: Ein sicherer Ort (beziehungsweise eine Zone), den wir ganz genau kennen und welcher uns Sicherheit verspricht. Gleichzeitig beschränkt uns dieser aber auch und hindert uns daran, im Leben voranzukommen.

Viele Menschen sind sich oftmals nicht sicher, ob sie tatsächlich die richtige Berufswahl getroffen haben oder eine Diät durchhalten können. Damit bekommt allerdings der innere Schweinehund sehr viel zu fressen. Außerdem erhalten Engelchen und Teufelchen, welche rechts und links auf den Schultern sitzen, neuen Zündstoff für hitzige Diskussionen.

Natürlich profitiert das Teufelchen hierbei sehr. Es möchte Sie nur zu gern in die falsche Richtung führen und hat dabei meist sogar Erfolg. Allerdings gibt es in dieser Richtung auch nur einen kurzzeitigen Erfolg und langfristig wird das Gegenteil bewirkt. Der Großteil der Menschen ist schwach und wird immer der Richtung folgen, welche ihm das Teufelchen vorgibt. Wer tatsächlich Erfolg erzielen möchte, muss sich allerdings die Fehler und die Umwege eingestehen sowie bewusst machen. Tatsächlich ist es nämlich keine Schande, wenn man Fehler begeht. Vielmehr ist es eine Schande, wenn man sich diese nicht eingesteht und den eingeschlagenen Weg blindlings weitergeht.

Hier stellt sich die Frage, warum stets das Teufelchen und der Schweinehund die Gewinner sind. Wie gelingt es ihnen, uns tatsächlich immer wieder zurück in die eigene Komfortzone zu ziehen? Weshalb sind deren Argumente immer die, welche uns tatsächlich überzeugen? Wieso hört man nicht auf das Engelchen und gibt dem Teufelchen immer wieder nach? Haben wir Spaß daran, in die falsche Richtung zu laufen? Gefällt es uns, etwas zu tun, was schlecht für uns ist? Mögen wir es zu leiden?

Darauf gibt es folgende Antwortmöglichkeiten:

- **Grund 1**: Das Engelchen fordert etwas von uns, wobei wir Anstrengung und Durchhaltevermögen benötigen, um unsere Ziele beziehungsweise Wünsche zu erreichen. Das macht es jedoch sehr unsympathisch für uns.

- **Grund 2:** Auch dieser Grund ist nachvollziehbar. Wir malen uns immer wieder die unterschiedlichen Szenarien aus. Jeden Tag zu lernen, ist eine sehr einfache Vorstellung, genauso wie die, dass wir mit dem Rauchen aufhören oder uns gesund ernähren. Es wird aber deutlich schwieriger, wenn wir das auch in der Realität umsetzen wollen und dies zur Wirklichkeit werden soll.
- **Grund 3:** Jeder Mensch bevorzugt es, auf leichtem und schnellem Weg zum Erfolg zu gelangen. Kann man diesen jedoch nicht haben oder gehen, so möchte man Gewissheit, dass man mit dem Status quo rundum zufrieden ist und sich daher nicht weiter anstrengen muss. Das Teufelchen versorgt uns mit dieser falschen Gewissheit. Es gibt uns passende Ausreden sowie Rechtfertigungen, auf denen man sich dann ganz gemütlich und beruhigt ausruhen kann. So bekommt man dann auch den Allerwertesten nicht mehr hoch, um den anstrengenden Weg zu gehen.

Das sogenannte Montags-Phänomen passt hier als Beispiel ganz wunderbar. Man nimmt sich immer wieder vor, montags daran zu arbeiten, seine Ziele zu erreichen und die eigenen Wünsche zu erfüllen. Man ist der festen Überzeugung, dass es am nächsten Montag losgeht. Montag ist die Zeit für Veränderungen. Die Frage ist hier jedoch, warum ausgerechnet am Montag oder Ersten eines Monats oder zum Beginn eines neuen Jahres? Was ist denn an einem Dienstag oder Mittwoch schlimm? Wieso kann man nicht am Donnerstag mit einer Umstellung beginnen? Weshalb steht der Montag für einen Diätstart immer im Vordergrund?

Man kann sagen, dass unser Teufelchen ein Schleimer ist und uns immer wieder das sagt, was wir gern hören möchten. Somit ist es uns auch sympathischer als unser Engelchen. Fast jeder hört lieber die schönen Dinge als die Wahrheit, mit der man sich dann auseinandersetzen muss. Das liegt daran, dass wir Menschen immer dazu neigen, es uns so leicht wie nur möglich zu machen.

- Unser **Engelchen** sagt uns jedoch, dass wir etwas tun müssen, wenn wir unsere Ziele erreichen und die Wünsche erfüllen wollen. Das wollen wir aber wiederum nicht hören.
- Unser **Teufelchen** ist fast schon wie unsere Freundin, welche uns sagt, dass wir in einem viel zu engen Kleid wunderschön aussehen. Es lässt damit allerdings zu, dass wir uns vor anderen zum Gespött machen.

Die wahre Freundin ist aber eigentlich das Engelchen. Es sagt uns die Wahrheit und rät uns, wenn wir mal beim Beispiel des Kleides bleiben, dazu, es nicht zu kaufen. Das Engelchen ist jene Freundin, welche mit uns zum Fitnessstudio geht und uns somit vor bösen und abwertenden Blicken auf der Straße beschützt.

Fast jeder Mensch ist ein großer Meister darin, sich selbst zu belügen, aber auch darin, sich selbst zu bemitleiden. Man klagt vor lauter Frust und Enttäuschung darüber, dass man die eigenen Ziele nicht erreicht hat. Allerdings vergessen die meisten dabei, dass man für sich selbst verantwortlich ist und nur ganz allein etwas an der eigenen Situation verändern kann. Tatsächlich gibt es nämlich für alles eine Lösung. Wichtig ist, dass man bereit ist, etwas verändern zu wollen. Allerdings ist das Ausreden-Finden viel einfacher, um so bestimmten Dingen zu entkommen und sich aus allem herausreden zu können. Der Wahrheit blickt man nicht gern ins Auge, denn diese könnte wehtun oder uns die Augen öffnen. Tatsächlich ist es so, dass wir Menschen uns selbst hervorragend etwas vorspielen können. Dabei werden wir noch nicht einmal rot im Gesicht. Wir können lügen, ohne uns dafür überhaupt zu schämen.

Hier ein paar Beispiele:

- Maria bekommt beim Treppensteigen kaum Luft. Das liegt auf keinen Fall daran, dass das Rauchen ihre Lunge kaputtmacht. Daran ist nur die schlechte Luft im Treppenhaus schuld.
- Tom kann seine Jeanshose nicht mehr schließen, und wenn er sich bückt, muss er Angst davor haben, dass diese platzen könnte. Die Unmengen an Süßigkeiten, welche er täglich verdrückt, sind daran aber nicht schuld. Seine Frau hat einfach zu heiß gewaschen, wodurch die Jeans eingelaufen sind.
- Susanne hat mal wieder nicht die Beförderung bekommen, welche sie eigentlich wollte. Stattdessen hat man diese der unreifen und jungen, vollkommen unsympathischen Kollegin zugesprochen. Der Grund dafür ist nicht etwa ihre Social-Media-Sucht, welche sie auch auf der Arbeit auslebt, sondern der Chef, der stets die jungen Kolleginnen bevorzugt. Außerdem sitzt er abends sowieso gern zu Hause, um sich zu überlegen, wie er Susanne am besten ärgern kann.

Die Wahrheit kann einem tatsächlich wehtun, denn niemand wird gern zugeben, dass er sich gehen lässt oder zu faul ist. Niemand wird sich oder anderen eingestehen, dass er in der eigenen Komfortzone festsitzt. Immerhin weiß man, was die eigene Komfortzone einem zu bieten hat und dass diese einem die Sicherheit gibt, die man braucht. Man weiß, wie diese Komfortzone aussieht, und deshalb hat man auch keine Lust, diese zu verlassen. Ähnlich ist es auch, wenn draußen schlechtes Wetter ist. Dann bleibt man doch viel lieber im warmen Bett liegen. Aus der Komfortzone herauszukommen, ist für keinen Menschen leicht – immerhin weiß man nicht, was einen außerhalb dieser Zone erwartet. Gleichzeitig wird man das aber auch nie herausfinden, wenn man sich keinen Schritt hinauswagt.

Aus diesem Grund ist es sehr wichtig, dass jeder Mensch weiß, wie er Hindernisse überwinden kann, damit er die eigenen Ziele im Fokus behält, denn nur so kann man Erfolg erzielen. Tatsächlich kann man nur genug Kraft und Willen aufbringen, die eigenen Ziele zu erreichen, wenn man weiß, wie man Hindernisse und Hürden überwinden kann. Dazu zählt auch, dass man nicht gleich bei dem ersten Rückschlag oder den aufkommenden Selbstzweifeln in sein Schneckenhaus beziehungsweise in die Komfortzone zurückkriecht.

Wollen wir das Ganze noch einmal auf das schlechte Wetter bezieht, kann man sich folgenden Motivationssatz einprägen: „Schlechtes Wetter gibt es nicht, sondern nur unangebrachte Kleidung." Sie müssen sich demnach nur ordentlich anziehen, um mit aller Kraft das Haus zu verlassen und Ihren inneren Schweinehund zu besiegen. Dazu brauchen Sie auch starken Willen, Durchhaltevermögen und die notwendige positive Einstellung. Dann können Sie Ihre Komfortzone tatsächlich verlassen und diese nach und nach verschieben. Man muss die Komfortzone noch nicht einmal als schlecht betrachten. Für jeden Menschen ist es wichtig, dass er einen symbolischen Ort hat, wo er sich sicher und wohlfühlen kann.

Jede Herausforderung kann natürlich auch Angst machen. Wenn man Schritte ins Ungewisse machen muss, bereitet einem dies natürlich oft auch Sorgen. Verharren wir aber dennoch weiterhin in unserer Komfortzone, wird uns das in unserem Leben nicht voranbringen. Das anfangs so schöne Leben in der Komfortzone wird nach und nach sehr monoton. Dann kommt es dazu, dass man sich selbst immer wieder fragt, was wohl gewesen wäre, wenn man dieses oder jenes anders gemacht hätte. Die Komfortzone sollte genutzt werden, wenn man mal erschöpft ist und Kraft tanken muss. In dieser kann man wunderbar den eigenen Energiespeicher auffüllen, um dann den eigenen Weg weiterzugehen. Man sollte sich jedoch nicht dazu verleiten lassen, darin dauerhaft zu verweilen.

Die Komfortzone bietet jede Menge Flexibilität. Demzufolge sollte man diese auch immer mehr nach vorn verschieben, je näher wir unserem Ziel kommen. Die eigene Komfortzone kann auch sehr schnell zum Fluch werden, wenn sie einen davon abhält nach draußen zu gehen und die eigenen Träume, Wünsche und Ziele zu verfolgen. Jenen Menschen, denen es an Motivation mangelt, fehlt ein ganz bestimmter und fundamentaler Bestandteil, der sie auf ihrem Weg zum Erfolg voranbringt und der so dringend gebraucht wird.

Dazu ein Beispiel: Schließen Sie die Augen und stellen Sie sich vor, dass Sie in einem Boot sitzen. Mit diesem möchten Sie mitten aufs Meer hinausfahren, damit Sie Ihr Ziel entdecken können. Sie sind schon ziemlich weit draußen und plötzlich fängt es zu wackeln an. Sie werfen einen Blick nach hinten, um die Ladung sowie die Mitglieder der Mannschaft zu überprüfen:

Anwesend sind:

- Das Ziel
- Die Erfahrungen
- Die positive Einstellung

Sofort fällt Ihnen auf, dass es auf Ihrem Boot ein Ungleichgewicht gibt. Der Grund dafür ist das Fehlen eines fundamentalen Mitgliedes; durch dessen Abwesenheit wird das unangenehme Wackeln provoziert. Das hält Sie davon ab, den Kurs zu halten, Ihr Ziel zu verfolgen sowie an diesem auch tatsächlich anzukommen. Gleichzeitig führt es auch dazu, dass Ihnen übel wird. Die Seekrankheit packt Sie nun mit voller Wucht. Wenn man sich schlecht fühlt, verzieht man sich in das warme Bett mit Kuscheldecke und einem warmen Tee, also in die eigene Komfortzone.

Sie sehen also, dass die Komfortzone tatsächlich ein Segen, aber auch ein Fluch sein kann. Es ist schön und wichtig, dass jeder Mensch einen Ort hat, an dem er sich rundum sicher und wohlfühlen kann. Gleichzeitig kann dieser Ort aber auch einschränkend auf die eigenen Vorhaben wirken. Wenn man nicht aus der Komfortzone heraustritt, wird man auch nicht all das erblicken können, was die Welt außerhalb der Komfortzone zu bieten hat. Demzufolge bekommt man auch nach und nach immer mehr Angst, wird skeptischer und stellt sich häufiger die Frage, ob man überhaupt all den Anforderungen der Welt gerecht werden kann.

Wer sind wir Menschen schon?! Sind wir vielleicht eher winzig und haben wenig Bedeutung in der großen, weiten Welt? Welche Rolle spielt der Mensch überhaupt? Die Frage sollte hier jedoch lauten, warum wir die Welt als so groß und bedrohlich betrachten. Der Grund dafür ist, dass unsere eigene Komfortzone viel zu klein und zu eng ist. Man hat sich bereits daran gewöhnt, es sich in einem kleinen, gemütlichen Raum bequem zu machen. Man hat gelernt, dass man sich mit diesem engen Raum zufriedengeben und ihn zur Bühne des eigenen Lebens machen kann.

Wenn wir an die Worte von Shakespeare denken, dass die Welt eine wunderschöne Bühne sei, auf der wir alle eine Rolle spielen, sollten wir eigentlich merken, dass die Komfortzone tatsächlich nur zum Krafttanken und Ausruhen dienen sollte. Stehen auch Sie endlich auf und verlassen Sie Ihre Komfortzone. Seien Sie mutig und spielen Sie die Rolle, welche Sie schon immer einmal spielen wollten. Der Vorteil ist, dass Sie Kameramann, Schauspieler und Regisseur gleichzeitig sind. Natürlich ist das eine sehr große Verantwortung, aber auch ein sehr wertvolles Privileg. Ihre eigenen Entscheidungen bestimmen den Ablauf sowie den Erfolg Ihres Filmes. Durch Ihr Handeln und Ihre Entscheidungen wird der Streifen ein Verkaufsschlager oder nicht.

6.2 NEGATIVE GLAUBENSSÄTZE AUFLÖSEN

Negative Gedanken treten immer wieder auf, ob man sie will oder nicht. Es ist daher wichtig, dass man lernt, diese zu entlarven. In diesem Abschnitt möchte ich Ihnen zeigen, wie Ihnen genau das gelingen kann. Wenn wir vom „positiven Denken“ sprechen, so sind damit jene positiven Aspekte gemeint, die man in den Situationen sehen kann. Diese positiven Gedanken lassen negative Gedanken gar nicht erst aufkommen. Positives Denken hängt eng mit Selbstvertrauen zusammen. Wer sich selbst vertrauen kann, dem wird sozusagen erlaubt, an die eigenen Erfolge sowie an die Möglichkeiten zu glauben, und es verleiht demjenigen Stärke, Dinge zu realisieren, welche andere als nicht realisierbar einschätzen. Hinter allen geschichtlichen Erfolgen steckt immer etwas Positives. Es gab immer eine Person, welche an das Positive geglaubt hat und dies auch umsetzte.

Durch das positive Denken erhält man viele Vorteile:

- Selbstheilungskräfte werden angekurbelt, wodurch schlimme Krankheiten besiegt werden können.
- Zusammen mit Optimismus ist das positive Denken eine ideale Voraussetzung für Erfolge im privaten und beruflichen Bereich.
- Es stehen neue Chancen bereit.
- Selbstwertgefühl und Selbstbewusstsein werden gestärkt.
- Man ist offen für Neues.
- Der eigene Horizont wird erweitert.
- Die Wahrnehmung und die Sinnesorgane funktionieren viel besser.
- Man hat die Zügel selbst in der Hand.
- Man kann die Gedanken bis zu einem gewissen Grad selbst beeinflussen.
- Der Fokus ist auf gute Dinge gerichtet, welche einen glücklich machen.
- Es gibt neuen Antrieb, um aufzustehen und weiterzumachen.
- Man bleibt handlungsfähig.
- Körper und Geist werden gesund und fit gehalten.
- Man ist bereit, neue Wege zu gehen.
- Man verschließt nicht länger die Augen vor dem Leben.

Spricht man das Thema „positives Denken“ an, so verdrehen viele Menschen oftmals die Augen. Hier herrscht eine völlig falsche Annahme vor, denn diese Menschen glauben, dass dadurch die negativen Dinge einfach ausgeblendet werden. Das ist allerdings falsch. Manche glauben auch, dass Menschen, die positiv denken, Traumtänzer sind. Auch das ist eine vollkommen falsche Annahme. Optimismus ist genauso real wie der Pessimismus. Auf unserer Welt gibt es nichts, was nur positiv oder nur negativ ist. Beide Dinge existieren gleichermaßen.

Selbst die negativen Dinge haben eine positive Seite. Das ist ganz wichtig zu wissen. Jeder Mensch entscheidet sich zudem selbst, worauf er sich konzentrieren möchte. Schauen wir uns nun an, wie Sie lernen können, positiv zu denken.

6.2.1 Enttarnen der negativen Glaubensansätze

Wer seine negativen Glaubensansätze loswerden möchte, muss sie natürlich erst einmal erkennen. Leider ist es so, dass sie sich oft in unserem Unterbewusstsein verstecken – und das sogar ziemlich gut. Wenn auch Sie Ihre negativen Glaubensansätze erkennen und finden wollen, sollten Sie sich einen Zettel und einen Stift schnappen. Schreiben Sie sich zu folgenden drei Punkten das auf, was Ihnen einfällt:

- Negative Glaubensansätze in Form von Sprüchen, Redensarten oder Zitaten
- Lebensbereiche, in denen es nicht so gut läuft
- Eigene Emotionen als Sensor

Wichtig: Diese Liste sollte jederzeit ergänzt werden, denn es ist so, dass einem nach und nach immer mehr negative Glaubensansätze einfallen. Diese sollten Sie daher sofort aufschreiben.

6.2.2 Die Vorlese-Methode

Jetzt haben Sie eine Liste, auf welcher Ihre negativen Glaubensansätze festgehalten sind. Lesen Sie sich diese noch einmal komplett durch. Sollte Ihnen bei manchen Punkten noch mehr einfallen, notieren Sie Ihre Gedanken sofort. Wenn Sie bei manchen dieser Punkte jedoch denken, was das für ein Quatsch ist, haben Sie diesen negativen Glaubensansatz bereits aufgelöst und können ihn von Ihrer Liste streichen.

Lesen Sie sich nun alle anderen Glaubensansätze noch einmal selbst laut vor. Natürlich wird sich das nicht besonders gut anfühlen, aber haben Sie keine Angst, dieses ungute Gefühl geht tatsächlich gleich vorüber.

Wichtig: Wir alle haben negative Glaubensansätze in uns, die auch immer ein schlechtes Gefühl vermitteln. Der Tatsache sind wir uns jedoch nicht bewusst. Wenn wir uns aber laut vorlesen, was wir notiert haben, bemerken wir, was wir uns innerlich mit ebendiesen negativen Glaubensansätzen antun. Die Gefühle, welche in diesem Moment aufkommen, können Sie einfach zulassen, jetzt brauchen Sie nichts mehr zu tun. Wenn Sie spüren, was diese negativen Glaubensansätze mit Ihnen machen, lösen sich diese von allein auf, dann geht es Ihnen deutlich besser.

Damit die Übung noch etwas effektiver wird, können Sie sich Ihre Liste von jemand anderem vorlesen lassen. Wählen Sie hierfür jedoch eine Person, die Ihr volles Vertrauen genießt.

6.2.3 Löchern Sie die negativen Glaubensansätze mit Fragen

Tatsächlich ist es so, dass viele der notierten Glaubensansätze bereits in Schritt 2 aufgelöst werden. Andere sind wiederum sehr hartnäckig und bleiben bestehen. Dabei spielt es keine Rolle, wie schlecht man sich selbst fühlt, wenn man sich ebendiese vorliest. Hilfreich ist es, den eigenen Verstand um Hilfe zu bitten. Sie können die einzelnen negativen Glaubensansätze beispielsweise so hinterfragen:

- Ist das tatsächlich die Wahrheit?
- Trifft das wirklich immer und auf jeden zu?
- Wie wäre mein Leben wohl ohne diesen negativen Glaubensansatz?

Diese drei Fragen helfen Ihnen tatsächlich dabei, wirklich jeden Glaubensansatz als Unsinn zu enttarnen. Daraus folgt, dass diese keine negative Wirkung mehr auf Sie haben.

6.2.4 Die Glaubensansatz-Transformator-Technik

Sollten jetzt immer noch negative Glaubensansätze bestehen, ist es an der Zeit, diese in positive Glaubensansätze zu verwandeln. Hierfür nehmen Sie sich wieder Ihre Liste und ein zweites Blatt. Lesen Sie sich nun den ersten negativen Glaubensansatz durch. Auf dem zweiten Blatt formulieren Sie diesen dann positiv. Das machen Sie auch mit den anderen Punkten, die auf Ihrer ersten Liste stehen.

Wichtig ist, dass Sie darauf achten, die Sätze auch tatsächlich positiv umzuschreiben. Machen Sie aber keine Nicht-Sätze beziehungsweise Kein-Sätze daraus.

Beispiel:
Negativer Glaubensansatz: *„Dafür bin ich zu dumm."*
Falsch: *„Ich bin nicht zu dumm."*
Richtig: *„Ich kann täglich jede Menge lernen."*

Gehen Sie bei Ihrer Umformulierung genauso vor. Das Ergebnis ist dann ein Blatt, auf welchem Sie ausschließlich positive Glaubensansätze finden.

6.2.5 Die positive Wäsche des Gehirns

Jetzt haben Sie eine Liste mit positiven Glaubensansätzen. Aber was machen Sie nun damit? Die Antwort darauf lautet: Die positiven Glaubensansätze müssen nun in Ihrem Unterbewusstsein verankert werden. Dieses Ziel erreichen Sie, wenn Sie die Punkte in Ihren Gedanken immer wiederholen. Mit der Zeit werden sich diese regelrecht in Ihr Gehirn fressen und so auch in Ihr Unterbewusstsein gelangen. Am besten ist, wenn Sie sich Ihre Liste am Morgen und am Abend einmal laut durchlesen. Sie können diese Glaubensansätze auch als eine Art Mantra benutzen und sich diese hin und wieder leise vorsingen.

Wichtig: Sie sollten immer darauf achten, dass sich Ihre positiven Glaubensansätze auch glaubwürdig für Sie anhören. Wer zum Beispiel gedacht hat „Ich bin dick“, wird mit dem neuen Glaubensansatz „Ich habe eine tolle Figur“ nicht viel bewirken können. Wir alle haben einen inneren Kritiker und dieser würde hier sofort auf die Barrikaden gehen. Hierfür gibt es jedoch einen wunderbaren Trick: Wandeln Sie den positiven Glaubensansatz einfach in eine Frage um. Beispiel: „Wie bekomme ich eine tolle Figur?“ So machen Sie Ihren inneren Kritiker sprachlos und Sie haben nun die Macht über Ihre Gedanken und können nach Lösungen suchen.

6.2.6 Entlarven Sie die Lügen!

Tatsache ist, dass negative Glaubensansätze mitunter sehr hartnäckig sein können. Der Grund dafür ist, dass wir sie uns im Unterbewusstsein ständig beweisen. Unsere Wahrnehmung wird automatisch auf das gerichtet, was den negativen Glaubensansatz untermauert. Unterbewusst werden die Gegenbeweise komplett ausgeblendet. Der Glaubensansatz wird durch unser Verhalten gefestigt. Wer das Muster durchbrechen will, muss Gegenbeweise beschaffen. Diese lassen sich bei anderen Menschen finden, aber idealerweise schon bei uns selbst. Und das müssen Sie dafür tun: Machen Sie Übung 3 und hinterfragen Sie den Wahrheitsgehalt. Suchen Sie aktiv nach Gegenbeweisen, beispielsweise im Internet, Ihrer Umgebung usw. Finden Sie solche in Ihrer eigenen Vergangenheit. Sammeln Sie neue Erfahrungen, um positive Glaubensansätze zu bestätigen.

Jeder Gegenbeweis, der sich finden lässt, ist eine Bestätigung und ein Signal für das Gehirn, dass das, was man all die Jahre glaubte, falsch war. Auf diese Weise lassen sich die negativen Glaubensansätze sofort auflösen.

Zusammenfassung:

1) Enttarnen der negativen Glaubensansätze
2) Die Vorlese-Methode
3) Löchern Sie die negativen Glaubensansätze mit Fragen.
4) Die Glaubensansatz-Transformator-Technik
5) Die positive Wäsche des Gehirns
6) Entlarven Sie die Lügen!

6.3 BONUS:

Zusätzlich möchte ich Ihnen zwei Spezialtipps mit auf den Weg geben:

Trick 1: Scheiterhaufen

Schreiben Sie alle Ihre negativen Glaubensansätze auf einen Zettel. Lesen Sie diese noch einmal durch und fühlen Sie, welche Emotionen dabei ausgelöst werden. Bedanken Sie sich innerlich bei diesen Glaubensansätzen und denken Sie dabei: „Danke, dass du mich begleitet hast, aber jetzt brauche ich dich nicht länger." Bereiten Sie nun eine kleine Feuerschale vor und verbrennen Sie den Zettel.

Trick 2: Der Spieß wird umgedreht

Man kann sagen, dass dies eine Variation zur Vorlesemethode ist. Auch hierfür brauchen Sie eine Liste mit Ihren negativen Glaubensansätzen, eine weitere Liste mit positiven Formulierungen und ein bisschen Platz.

Nehmen Sie sich als Erstes die Liste mit den negativen Glaubensansätzen. Gehen Sie nun langsam im Kreis herum. Dabei lesen Sie sich die Liste laut vor. Im Anschluss daran nehmen Sie sich die Liste mit den positiven Formulierungen. Gehen Sie nun erneut im Kreis, dieses Mal jedoch in die andere Richtung, und lesen Sie sich die Liste ebenfalls laut vor. Achten Sie dabei auf Ihre Gefühle. Fühlen Sie sich gut? Sollten Sie sich immer noch schlecht fühlen, können Sie die Übung wiederholen. Diese Technik hat den Vorteil, dass man mehrere negative Glaubensansätze auf einmal lösen kann.

6.4 SO FUNKTIONIEREN DIE POSITIVEN GLAUBENSANSÄTZE

Es ist wichtig, dass man selbst dazu bereit ist, mit positivem Denken etwas zu verändern. Sind Sie es, so brauchen Sie etwas, worauf Sie Ihren Fokus legen können. Die positiven Affirmationen können zudem nur Wirkung erzielen, wenn sie regelmäßig wiederholt werden. Einmal positiv zu denken, reicht nicht, um etwas dauerhaft zu verändern.

Eine bedeutende Rolle, damit es gelingen kann, spielt auch die eigene Persönlichkeit. Sollen die positiven Affirmationen beispielsweise bei Gewichtsproblemen helfen, werden Sätze wie „Ich bin schlank!“ nichts verändern können. Hier würde man sich selbst belügen. Sie müssen eine Formulierung finden, welche Ihrem persönlichen Empfinden so nahe wie möglich kommt, aber positiv! Für das Gewichtsbeispiel könnte demnach folgende Formulierung hilfreich sein:

„Wenn ich jeden Tag etwas mehr Sport mache, werde ich schlanker.“

Selbstzweifel werden so erfolgreich eliminiert. Es kann hilfreich sein, sich die positiven Glaubensansätze in ein Tagebuch zu schreiben und dieses obendrein noch schön zu gestalten. Wichtig ist, und das konnten Sie bereits in Kapitel 6.5 lesen, dass man die Wörter „kein“ und „nicht“ in den Sätzen vermeidet. Unser Gehirn ist nicht dazu in der Lage, diese Sätze zu verarbeiten. Wenn Ihnen jemand sagt, dass Sie nicht an die rosafarbene Kuh denken sollen, wird aber genau das passieren. Stellen Sie sich das vor, woran eigentlich gedacht werden soll: „Ich kann abnehmen!“

Rational denkende Menschen werden es nicht schaffen, auf Anhieb positiv zu denken. Wichtig ist für diese Menschen die Umgebung. Sie sollte ruhig sein, sodass man vollkommen ungestört ist. Unterstützend wirkt hier ruhige Musik oder Meditation. Dazu erfahren Sie in Kapitel 13 mehr.

Damit Sie gut vorbereitet sind, möchte ich Ihnen zu den jeweiligen Bereichen, welche ich bereits im Text genannt habe, einige Beispiele zur Anregung mit auf den Weg geben. Wenn diese für Sie direkt passen, ist das wunderbar. Sehen Sie diese sonst als Anregung, um zu wissen, wie Sie Ihre positiven Glaubensansätze formulieren können.

6.4.1 Beruf

- „Meine Arbeit ist das, was mich voll und ganz erfüllt."
- „Ich werde meinen Traumjob ausüben."
- „Als Projektleiter bin ich sehr gut."
- „Meine gut entwickelten Ideen können uns voranbringen."
- „Mein Umgang mit anderen ist positiv und freundlich."

6.4.2 Geld

- „Ich kann immer mehr Geld verdienen."
- „Das Geld liegt auf der Straße. Ich muss nur hinausgehen und es einsammeln."
- „Ich bin für mein Glück selbst verantwortlich."
- „Meiner Meinung nach ist Reichtum etwas Positives."
- „Geld zu verdienen, bereitet mir Freude."

6.4.3 Gesundheit

- „Mein Leben ist glücklich und gesund."
- „Ich fühle mich mit meinem Körper sehr wohl."
- „Für mich ist meine Gesundheit sehr wichtig."
- „Mein Haar ist richtig toll."
- „Ich habe sehr starke Knochen."

6.4.4 Gewicht

- „Ich kann es schaffen, Gewicht zu verlieren."
- „Ich bin stark und werde schlank."
- „Ich werde immer auf gute Ernährung und ausreichend Bewegung achten."
- „Spazieren zu gehen und Rad zu fahren ist etwas Wunderbares."
- „Jeden Tag mache ich immer etwas mehr Sport."

6.4.5 Partnerschaft

- „Mit meiner Weiblichkeit/Männlichkeit fühle ich mich gut."
- „Für das Gute, was von außen kommt, bin ich immer offen."
- „Mein ganzes Leben lang wird die Liebe mich begleiten."
- „Ich bin attraktiv."
- „Ich bin es wert, geliebt zu werden."

6.4.6 Selbstvertrauen

- „Ich werde in bestimmten Dingen immer sicherer."
- „Ich bin mir meiner Fähigkeiten bewusst."
- „Ich bin mutig."
- „Jeden Tag werde ich etwas besser."
- „So wie ich bin, bin ich gut genug."
- „Mit dieser Situation kann ich umgehen."

Kapitel 7: Die eigene Denkweise muss optimiert werden

Wer sind Sie eigentlich? Ich frage an dieser Stelle nicht, ob Sie Ihren Namen, die eigene Anschrift oder Ihren Geburtstag kennen. Vielmehr dient diese Frage als Anregung für Sie selbst, um herauszufinden, wer sich hinter Ihrem Gesicht verbirgt. Stellen Sie sich doch am besten jetzt gleich einmal vor Ihren Spiegel und stellen Sie sich dabei genau diese Frage. Hinterfragen Sie dabei auch folgende Punkte:

- Was ist es, das Sie ausmacht?
- Wodurch wurden Sie geprägt?
- Weshalb sind Sie so, wie Sie in diesem Moment sind?
- Woher haben Sie Ihre eigenen Werte, die Sie verfolgen?

Das sind eine Menge Fragen, die eine Antwort von Ihnen verlangen. Tatsächlich ist es so, dass die Antworten darauf nur von einem geringen Teil durch Ihre Gene bestimmt werden. Den Großteil davon finden Sie nämlich nur in Ihrem Umfeld. Der Grund dafür ist, dass wir von anderen Menschen lernen. Das Meiste von denen, die uns besonders nahestehen.

Wer bereits beobachtet hat, wie ein Kind lernt, der weiß, dass diese am besten von Älteren lernen. Sie beobachten und ahmen dann deren Verhalten nach. Das machen sie so lange, bis die bestimmte Handlung bzw. die Fähigkeit tatsächlich erlernt wurde. Genau deswegen sollten Sie unbedingt einen Blick zurück in Ihre Kindheit werfen, wenn Sie sich mit den Fragen zur Persönlichkeit und der Entwicklung derselben befassen wollen.

Die Entwicklung unserer Persönlichkeit wird durch folgende Faktoren aus der Kindheit beeinflusst:

- Wie wächst ein Kind auf?
- Wie gehen die Eltern mit ihm um?
- Welche Kontakte hat das Kind?
- Wie ist die Beziehung zwischen dem Kind und engen Bezugspersonen?

Alle diese Punkte und noch so viele mehr prägen unsere Persönlichkeit und somit auch die eigenen Werte und Ansichten sowie unsere Handlungen. Durch Selbstreflexion kann man sich intensiv mit sich selbst und dem eigenen Verhalten befassen. Dadurch ist man dazu in der Lage, sich darüber bewusst zu werden, dass man zwar bestimmte Werte angenommen hat und durch die elterliche Erziehung geprägt wurde, aber man kann auch verstehen, dass manche Werte variabel und nicht festgefahren sind. Auf diesem Weg kann jeder für sich selbst herausfinden, ob man diese Werte aus eigener Überzeugung hat.

Es ist zudem auch so, dass man nicht, nur weil man mit bestimmten Werten oder Überzeugungen aufgewachsen ist und sie immer wieder hört, diese auch sein Leben lang beibehalten muss und keineswegs verändern darf. Jeder Mensch sollte dazu in der Lage sein, seine Sichtweisen für sich so anzupassen, dass er diese vollkommen überzeugt vertreten kann.

Tatsächlich basieren unser Denken über Menschen, die Bewertung des Umfelds und die Ansichten über gewisse Themen größtenteils auf der elterlichen Erziehung. Wer also in einem Elternhaus aufwächst, das von jeder Menge Optimismus geprägt ist, wird sehr wahrscheinlich auch ein hoffnungsfroher Mensch sein. Ein Mensch, bei dem die Kindheit von Problemen und Streit geprägt war, wird selbst auch häufiger damit konfrontiert werden. Aber dennoch besteht die Chance, dass man seine Persönlichkeit dahin gehend ändern kann.

An dieser Stelle möchte ich zudem erwähnen, dass auch jene Menschen, mit denen man sich in der Jugend und im Erwachsenenalter umgibt, großen Einfluss auf uns, unsere Persönlichkeit und unseren Charakter haben können. Genau deswegen ist es auch von Bedeutung, dass man sich immer mit den Menschen umgibt, welche einem guttun, die eine positive Lebenseinstellung haben und einen auch positiv bei der Entwicklung der eigenen Persönlichkeit unterstützen können. Kein

Mensch braucht sogenannte Energiefresser in seinem Leben. Mit Energiefresser meine ich jene Menschen, die sich stets und ständig über alles und jeden beschweren sowie aus jeder Situation nur die schlechtesten Dinge herausziehen.

Es stellt sich die Frage, weshalb unser Leben, unsere Werte, unsere Ansichten und Glaubensansätze so stark durch andere Menschen beeinflusst werden. Darauf kann ich Ihnen folgende Antwort geben: Unser Unterbewusstsein hat daran Schuld, denn es besitzt eine sehr große Macht, welche sich von klein auf bestimmte Handlungen, Aussagen und Verhaltensweisen eingeprägt hat. Mit ebendiesen konfrontiert es uns immer wieder. Wenn man beispielsweise jeden Tag in den Nachrichten von Katastrophen, in der Familie von Problemen und im Freundeskreis nur negative Themen hört, wird sich all das tief in das Unterbewusstsein einpflanzen. Hört man jedoch immer wieder positive Ansichten und wächst in einer fröhlichen Familie auf, so prägt sich das ebenfalls tief im Unterbewusstsein ein. Wie aber kann man nun seine Denkweise optimieren? Das schauen wir uns jetzt in den weiteren Unterpunkten des Kapitels an.

7.1 DIE VERSCHIEDENEN MINDSETS

Zu Beginn möchte ich für Sie erst einmal klären, was überhaupt ein „Mindset" ist. Hinter diesem Wort verbirgt sich im Grunde genommen nichts anderes als Ihre eigene Ansicht, welche Sie über bestimmte Dinge haben und die auf Ihren eigenen Werten und Erfahrungen basiert. Jeder Mensch verfügt grundsätzlich über sein ganz eigenes Mindset. Wie bereits erwähnt, gründet dies auf unterschiedlichen Erfahrungen. Zudem ist auch jeder dazu in der Lage, das eigene Mindset zu verändern und damit auch zu modifizieren. Beispiel: Sie können Ihren Fokus beispielsweise nur noch auf die positiven Aspekte in Ihrem Leben richten. Sie können Ihr Mindset speziell auf Ihren eigenen Erfolg ausrichten.

Bei einem „Money Mindset" geht es also um ein Mindset, welches über Denkweisen und Ansichten verfügt, die man braucht, damit man materiell erfolgreich sein kann. Mit anderen Worten ausgedrückt, beschäftigt sich das Money Mindset mit Ihrer ganz eigenen Denkweise bezüglich des Themas Geld. Man kann sich das Mindset auch wie die eigene Persönlichkeit vorstellen. Beides wird durch die individuellen Erfahrungen aus der Kindheit, Jugend und des Erwachsenenalters geprägt. Das können positive, aber auch negative Erfahrungen sein. Die Änderung des Mindsets und der Persönlichkeit haben natürlich nur Sie selbst in der Hand.

Wie ein Mensch mit Erfolg oder Niederlagen umgeht, hängt immer davon ab, wie das eigene Mindset gestaltet ist. Wenn es positiv ausgerichtet ist, so gönnt man sich auch den Erfolg. Dann ist man stolz auf all das, was man erreicht hat. Mit einem negativen Mindset wird man jedoch immer wieder Ausreden finden und behaupten, dass der Erfolg nur Zufall war.

Das eigene Mindset lässt sich grundsätzlich **in zwei Kategorien einteilen.** Beide möchte ich Ihnen kurz beschreiben:

- **„Growth Mindset“:** Dieses ist wachstumsorientiert. Das bedeutet, wenn ein Mensch nur genug Einsatz zeigt, wird er all das erreichen können, was er sich selbst wünscht. Mit dem gewissen Training und jeder Menge Übung kann man tatsächlich alles schaffen.
→ Das **Resultat** sieht hier wie folgt aus: Man hat eine positive Sicht auf die Dinge, mehr Erfolg auf allen Ebenen sowie ein geringeres Stresslevel.

- **„Fixed Mindset“:** Dieses Mindset ist eher unflexibel und starr. Die Fähigkeiten, welche man hat, werden als Talent bezeichnet. Wenn man also eine bestimmte Sache nicht kann oder darin scheitert, hat man nicht das erforderliche Talent.
→ Hier sieht das **Resultat** wie folgt aus: Man gibt auf oder scheitert sofort.

Sie sehen, dass beide Mindsets nicht unterschiedlicher sein könnten. Hinterfragen Sie doch einmal, in welchem der beiden Sie sich selbst sehen. Welches beschreibt Sie besser? Wenn Sie tatsächlich an Ihrem Mindset arbeiten wollen, müssen Sie das erst einmal für sich herausfinden. Nur wer das in Erfahrung bringt, kann sein Mindset positiv und auf Erfolg sowie Glück ausrichten. Was aber macht den Menschen mit dem jeweiligen Mindset aus? Ich habe Ihnen zunächst etwas über das Money Mindset erzählt. Dieses passt in den Bereich des Growth Mindsets hinein. Hierbei konzentriert man sich nämlich darauf, dass man erfolgreich wird und gutes Geld verdient. Wenn man die Augen schließt, dabei ganz genau darüber nachdenkt, was man sich eigentlich im eigenen Leben wünscht, werden einem unterschiedliche Bilder vor dem inneren Auge erscheinen. Selbstverständlich wünscht man sich ein erfülltes sowie gesundes und von Glück bereichertes Leben.

Man möchte rundum zufrieden sein. Man kann jedoch nicht negieren, dass man sich gleichzeitig auch einige materielle Dinge wie beispielsweise ein Haus oder ein Auto wünscht, mit welchen man sich selbst absichern kann und damit die materiellen Träume erfüllt.

Wahrscheinlich kennen auch Sie die Aussage, dass Geld allein im Leben nicht glücklich macht. Hierfür brauchen wir nur auf all jene Prominente zu schauen, welche durch eine Überdosis Drogen gestorben sind. Gewiss waren sie aufgrund ihres großen Reichtums einsam und somit nicht glücklich. Daraus lässt sich schließen, dass der materielle Reichtum auch uns nicht glücklich machen wird. Es lässt sich jedoch nicht abstreiten, dass durch den materiellen Reichtum unser Leben in vielerlei Hinsicht erleichtert wird. Man lebt frei und unbeschwert und macht sich nicht jeden Tagen Sorgen oder Gedanken über das, was morgen kommen wird.

Daraus lässt sich schließen, dass es also weder schlecht noch verwerflich ist, sich auch materiellen Reichtum zu wünschen. Tatsache ist nämlich, dass dies keineswegs ausschließt, dass ein Mensch auch Freude für die kleinen Dinge im Leben empfinden kann. Verbieten wir uns, die großen Dinge zu erträumen, steht dies dem Money Mindset im Weg und hindert uns daran, auch in Dürreperioden am Ball zu bleiben.

Das Growth Mindset spielt für die eigenen Wünsche und Ziele eine sehr bedeutende Rolle. Wer sich eher im Fixed Mindset sieht, wird schnell aufgeben, kein Potenzial in den Schwächen sehen und annehmen, dass bestimmte Eigenschaften nicht beherrscht werden. Sie sollten daher herausfinden, über welches der beiden Mindsets Sie verfügen, denn nur so können Sie tatsächlich auch an Ihrer eigenen Einstellung und Ihren Überzeugungen arbeiten. Es ist dann an der Zeit, sich von dem Fixed Mindset zu verabschieden und endlich das Growth Mindset willkommen zu heißen. Mit anderen Worten möchte ich Ihnen sagen, dass Sie nun anfangen sollten, an sich selbst zu glauben. Schauen Sie sich die Situation immer zweimal an, denn es lässt sich immer etwas Positives finden. Freuen Sie sich auch über kleine Meilensteine, denn aus diesen setzt sich der große Weg letztendlich zusammen. Mein Tipp an Sie ist also: Gehen Sie in kleinen Schritten vorwärts, halten Sie stets durch und arbeiten Sie fleißig an Ihren Wünschen, Zielen und Träumen.

Damit Sie wissen, welches Mindset auf Sie zutrifft, habe ich zu beiden die jeweiligen Eigenschaften zusammengetragen.

Das macht Menschen mit einem Fixed Mindset aus:

- Ist eine Niederlage zu befürchten, werden Herausforderungen nicht angenommen.
- Können nicht gut mit Rückschlägen umgehen
- Kommen mit Niederlagen nicht gut zurecht
- Nehmen an, sie verfügen nur auf einem Gebiet über eine Begabung
- Negative Glaubenssätze werden immer wiederholt.

Das macht Menschen mit einem Growth Mindset aus:

- Wissbegierig
- Wollen immer Neues dazulernen
- Wollen den eigenen Horizont erweitern
- Haben jede Menge Durchhaltevermögen
- Zeigen Anstrengungsbereitschaft
- Haben keine Angst davor, Fehler zu machen
- Sehen in Fehlern eine Chance, um neue Dinge zu erlernen
- Eigene Schwächen sind bekannt.
- Eigene Schwächen werden nicht als Hindernis gesehen.
- Potenzial wird auch in den eigenen Schwächen erkannt.

7.2 WIE SIE IHR MINDSET VERÄNDERN KÖNNEN

Herzlichen Glückwunsch! Wahrscheinlich sind Sie sich durch ausführliches Reflektieren darüber klar geworden, dass Sie sich mit Ihren negativen Ansichten nur selbst im Weg stehen. Aber bereits die Entscheidung, dass Sie Ihr Mindset ändern wollen, ist der erste wichtige Schritt in die richtige Richtung.

Dass Sie die Entscheidung getroffen haben, eine Veränderung vorzunehmen, ist eine wichtige Grundvoraussetzung, damit Sie tatsächlich erfolgreich an Ihrer Einstellung arbeiten können. Es spielt dabei auch keine Rolle, in welchem Bereich Ihres Lebens Sie erfolgreich sein möchten und welchen Weg Sie dafür auswählen. Das Wichtigste ist ein positives Mindset, denn dadurch bringen Sie bereits Willen, Kraft und Durchhaltevermögen mit. All diese Faktoren werden Sie brauchen, damit Sie den Weg Schritt für Schritt weitergehen und letztlich Ihr Ziel erreichen können.

Für die Persönlichkeitsentwicklung ist die Veränderung des Mindsets sehr wichtig. Sie stellt somit ebenfalls einen Prozess dar, bei dem Sie nicht erwarten sollten, dass sich die eigenen Ansichten und Einstellungen von einem auf den anderen Tag verändern. Ein Prozess dauert so lange, wie er dauern muss. Lassen Sie es zu und nehmen Sie aktiv daran teil. Es ist wichtig ein Bewusstsein dafür zu schaffen, dass alle Entwicklungen nun einmal Ihre Zeit brauchen.

In den nächsten Punkten werde ich Ihnen hierfür einige **Tipps und Tricks** vorstellen:

7.2.1 Sich in Geduld üben

Natürlich kommt man schneller voran, wenn man rennt. Wenn es aber darum geht, das eigene Mindset zu verändern, sollte man sein Tempo zügeln und sich die Zeit lassen, welche der Prozess benötigt. Teilen Sie sich daher Ihre Kräfte bewusst ein, denn Sie müssen für die gesamte Strecke reichen und nur so können Sie auch entspannt ins Ziel gelangen. Ungeduld bringt hier niemanden voran.

An dieser Stelle möchte ich Sie auch darauf hinweisen, dass es immer wieder vorkommen kann, dass Sie in Ihr altes Muster zurückfallen. Hier sollten Sie keine Panik schieben und sich auch nicht dazu hinreißen lassen, in diesem zu verharren. Bleiben Sie geduldig und arbeiten Sie einfach weiterhin motiviert daran, etwas zu verändern.

7.2.2 Abenteuerlustig sein

Seien Sie mutig und gehen Sie offen auf neue Herausforderungen zu. Schieben Sie Ihre Angst, dass Sie etwas nicht schaffen könnten, beiseite, denn sonst stehen Sie sich wieder nur selbst im Weg. Denken Sie auch nicht daran, was passieren könnte, wenn Sie scheitern. Sollte es der Fall sein, können Sie sich dann immer noch Gedanken machen, was Sie unternehmen können. Zudem ist auch noch kein Meister vom Himmel gefallen.

Denken Sie positiv, denn wenn Sie von vornherein negativ an die Sache herangehen, werden Sie früher oder später auch auf der Strecke bleiben. Niemand weiß, was einem auf dem neuen Weg begegnen wird. Wichtig ist, dass Sie neue Herausforderungen annehmen, damit Sie herausfinden können, was Sie erwartet und welche Fähigkeiten tatsächlich in Ihnen stecken. Wer sich nur in der eigenen Komfortzone ausruht, wird nicht über sich hinauswachsen können. Haben Sie also

Vertrauen in Ihre eigene Kraft, denn egal wie groß ein Hindernis ist, Sie werden schon einen Weg finden, um dieses überwinden zu können.

7.2.3 Realistisch bleiben

Natürlich sind die eigenen Träume sehr wichtig. Dennoch sollte man immer im Blick behalten, dass man die eigenen Ziele realistisch setzt, denn das ist bereits die Basis, um letztendlich erfolgreich zu sein. Träume schenken einem Motivation, und diese werden Sie auf Ihrem Weg natürlich brauchen, damit Sie auch in Dürreperioden weiterhin dranbleiben. Halten Sie sich demnach immer vor Augen, worauf Sie hinarbeiten. Sie können Ihr Ziel später oder auch früher erreichen.

Übernehmen Sie sich nicht, sondern setzen Sie sich kleine Etappenziele. Diese garantieren Ihnen Erfolg und dieser wird Sie weiter motivieren. Wenn manchmal etwas nicht so gelingt, wie Sie sich das vorstellen, halten Sie kurz inne und reflektieren Sie die Situation. Akzeptieren Sie das Scheitern und ziehen Sie positive Schlüsse daraus. Denken Sie dann an die bereits erzielten Erfolge zurück, um genügend Motivation zu erlangen, damit Sie Ihren Weg weitergehen können. Stellen Sie auch keine zu hohen Anforderungen und Ansprüche an sich selbst. Dadurch werden Sie nur mit Stress konfrontiert, der ebenfalls eine enorme Bremse darstellt und Sie in Ihrer Persönlichkeits- und Mindset-Entwicklung nicht voranbringt.

7.2.4 Richtig mit Rückschlägen umgehen

Ein Rückschritt bedeutet nicht, dass man tatsächlich wieder in die andere Richtung geht. Ein Rückschritt bedeutet, dass man nur Anlauf holt, um noch sicherer an sein Ziel zu gelangen. Nimmt man eine Herausforderung an, sollte man sich immer bewusst darüber sein, dass man alles schaffen kann, was man möchte. Ebenfalls muss man sich bewusst machen, dass nicht alle Tage gleich sind und man an manchen Tagen keine Kraft hat, um die Hindernisse zu überwinden. Manchmal muss man auch ein Hindernis dafür nutzen, um sich ausruhen und einen Moment innehalten zu können. In solchen Phasen können Sie neue Kraft sammeln und den bereits bestrittenen Weg noch einmal reflektieren. In solchen Momenten können Sie besonders stolz auf sich sein.

Auch ein Rückschlag gehört dazu, um seinen Weg mit Erfolg zu zieren. Es sind die kleinen Meilensteine, welche die Strecke zum Ziel letztendlich komplett machen. Wenn man scheitert, ist das noch lange keine Schande. Rückschritte schenken einem neue Erfahrungen, welche auf dem weiteren Weg behilflich sein können. Betrachten Sie das Ganze also wie folgt: Entweder hat man direkt Erfolg oder man braucht noch ein klein wenig Zeit, um durch ein Hindernis zu lernen. An dieser Stelle können Sie sich die wohlbekannte Redewendung „Rom wurde nicht an einem Tag erbaut“ als Motivationsspruch einprägen.

Kapitel 8: Probleme mit der eigenen Persönlichkeitsentwicklung

Wie Sie bereits sehen konnten, bringt die Persönlichkeitsentwicklung zahlreiche Vorteile mit sich. Von diesen kann jeder Mensch in hohem Maße profitieren. Die Liste mit allen Vorteilen klingt natürlich sehr verlockend, dennoch haben sehr viele Menschen tatsächlich ein Problem damit, ihre Persönlichkeit weiterzuentwickeln, um an ihren Wünschen, Zielen und Träumen zu arbeiten. Was aber ist der Grund dafür? Wieso haben viele Menschen ein Problem damit, an sich zu arbeiten? Weshalb fällt es vielen Menschen so schwer, die aufgesetzte Maske abzunehmen? Wieso können viele Menschen ihr wahres Ich nicht zulassen?

Hierfür gibt es zahlreiche Gründe, welche ich Ihnen nun genauer erläutern möchte. Sie können sich aber bereits folgende Einsicht merken:

„Probleme sind da, damit sie gelöst werden. Wenn Sie also hundert Gründe dafür haben, nicht an sich zu arbeiten, gibt es mindestens 101 Lösungen, mit denen Sie Ihren inneren Schweinehund überwinden und somit an sich arbeiten können."

Schauen wir uns nun genauer an, um welche Probleme es sich hierbei tatsächlich handelt.

8.1 DAS EIGENE ZIEL WURDE NICHT RICHTIG DEFINIERT

Ziele hat jeder. Träume hat ebenfalls jeder. Alle Menschen stellen sich vor, wie das eigene Leben aussehen soll. Bei vielen Vorstellungsgesprächen wird oftmals danach gefragt, wo man sich in zehn Jahren sieht. Diese Frage ist gefürchtet und treibt einigen die Schweißperlen auf die Stirn. Weshalb stellt man eigentlich so eine

Frage? Weshalb wird man in die Situation gebracht, sich mit der weit entfernten Zukunft überhaupt auseinandersetzen zu müssen? Und wieso sollte der eventuell zukünftige Chef etwas darüber wissen, wie man seine eigene Zukunft sieht?

Der Grund ist nicht, dass die Zukunft an sich ein wichtiger Aspekt ist, sondern vielmehr, dass das Träumen eine sehr wichtige Rolle im Leben eines Menschen spielen sollte. Stellen Sie sich einmal vor, ein Mensch aus der Steinzeit hätte keinen Traum gehabt. Möglicherweise würden auch wir dann immer noch in einer Höhle leben. Damit möchte ich sagen, dass die Menschheit ohne Träume keinen Wohlstand hätte. Ein Mensch kann nur vorwärtsgehen, wenn er ein Ziel hat, welches ihn motiviert. Wer seinen Blick nach vorn richtet und sein eigenes Ziel fokussiert, dem wird es auch gelingen, die eigene Komfortzone zu verlassen, sich das Leben außerhalb anzusehen und somit auch voranzukommen.

8.2 ENTWEDER MAN TRÄUMT GROSS ODER GAR NICHT

Jeder Mensch braucht Träume. Nur wer einen Traum hat, kann auch anfangen, etwas zu verändern. Durch unsere Träume sind wir gezwungen, zu handeln und somit auch die geliebte Komfortzone zu verlassen. Durch unsere Träume bleibt der Weg nach oben nicht einfach nur ein Hindernis. Es entsteht eher eine Etappe, die man bestreiten darf. Somit bekommt man immer wieder eine neue Chance etwas dazuzulernen. Wenn wir wissen, wohin der Weg führen soll, fällt es uns leichter, diesen Schritt für Schritt zu gehen.

Wenn man losgeht, ohne sich überhaupt darauf vorbereitet zu haben, das heißt, nicht das richtige Schuhwerk zu tragen und genügend Proviant eingepackt zu haben, wird man die Reise nicht lange durchhalten. Somit gibt man recht schnell auf. Wer sich aber gut auf die Reise vorbereitet, hat eindeutig die besseren Voraussetzungen, damit er sein Ziel erreichen kann.

Bereits im Kapitel zur Komfortzone wurde erwähnt, dass es kein schlechtes Wetter, sondern nur die falsche Kleidung gibt. So ist es auch mit den Träumen. Wir haben demzufolge nicht den falschen oder zu großen Traum, sondern nur zu wenig Motivation und die falschen Rahmenbedingungen – die übrigens von Ihnen selbst bestimmt werden. Daraus lässt sich schlussfolgern, dass es nicht darauf ankommt, welchen Traum man hat, sondern darauf, was man aus diesem macht. Es spielt keine Rolle, ob man auf seinem Weg auf Hindernisse stößt, sondern wie man mit ihnen umgeht. Demzufolge müssen Hindernisse nicht immer negativ sein.

8.3 DEN ERFOLG, DAS GLÜCK UND DAS WOHLBEFINDEN GÖNNT MAN SICH NICHT

Es gibt viele Menschen, die nicht glauben können, dass auch sie Erfolg oder Glück haben können. Wenn ihnen einmal etwas Positives widerfährt, werden sofort Ausreden gesucht, um diesen Erfolg und das Glück sofort kleinreden zu können. Es kommt nicht selten vor, dass dann gesagt wird, es sei reiner Zufall gewesen, dass ausgerechnet einem selbst dieses Glück widerfahren ist. Die Personen wissen dann nicht, wie sie mit ihrem Erfolg oder ihrem Glück umgehen können. Es kommt auch vor, dass sie annehmen, dass es schlecht sei, ebendiesen Erfolg zu haben – immerhin könnten andere darunter leiden. Wenn man Erfolg hat, heißt das nicht, dass andere nicht auch Erfolg haben könnten. Erfolg und Glück sind nicht nur für einen Menschen bestimmt. Jeder Mensch kann in seinem Leben Erfolg erzielen.

8.4 DIE OPFERROLLE WURDE EINGENOMMEN

Natürlich kann einem auch mal etwas schiefgehen und natürlich kann man auch Niederlagen erleiden. Doch das ist kein Grund, sich in die Opferrolle zu begeben.

Viele glauben, dass anderen Menschen niemals ein Fehler unterläuft und diese auch niemals eine Niederlage erleiden – sie gehen schließlich mit jeder Menge Glück und Erfolg im Gepäck durchs Leben. Allerdings ist der Erfolg nur die Spitze des Eisberges. Alles, was unter dem Meeresspiegel liegt, können wir nicht sehen. So ist es auch bei den Menschen, die scheinbar immer Erfolg haben. Wir wissen nicht, welche Erfahrungen sie bereits sammeln mussten und wie sie überhaupt zu ihrem Erfolg gekommen sind.

Der untere Teil des Eisberges bildet im Übrigen die Grundlage für den Erfolg. Diese Basis setzt sich aus folgenden sehr wichtigen Bestandteilen zusammen:

- Determination
- Fokus
- Motivation

- Niederlagen
- Kleine Etappenziele
- Durchhaltevermögen
- Frust
- Rückschläge
- Selbstzweifel

Einen anderen Menschen für seinen Erfolg zu beneiden, ist natürlich sehr einfach, vor allem dann, wenn man nicht weiß, welchen Weg er überhaupt zu diesem Erfolg gehen musste. Ich rate Ihnen daher, sich nicht mit anderen zu vergleichen. Jeder Mensch ist individuell, somit auch der Weg zum eigenen Erfolg und die Entwicklung der eigenen Persönlichkeit.

8.5 SELBSTVERANTWORTUNG WIRD NICHT ÜBERNOMMEN

Das Einfachste ist natürlich, die Verantwortung auf andere abzuwälzen. Wenn etwas nicht gelingt, so möchte man das nicht vor anderen zeigen und sagen, dass man selbst daran schuld ist. Außerdem ist es doch viel einfacher, eine andere Person vors Loch zu schieben. Alle anderen Menschen werden das dann freilich auch so sehen. Doch hier muss ich Sie enttäuschen. Das ist nicht der richtige Weg und wird auch niemals zum Ziel führen. Sie müssen und sollten daher unbedingt Selbstverantwortung übernehmen.

Selbstverantwortung zu übernehmen, bedeutet Folgendes:

- Nehmen Sie Ihre eigenen Gefühle bewusst wahr.
- Lassen Sie die eigenen Gefühle bewusst so.
- Verabschieden Sie die Quelle der Gefühle, ganz egal, ob sie negativ oder positiv ist.
- Wissen und erkennen Sie, was Sie wollen.
- Bringen Sie in Erfahrung, welche Wege Sie zu Ihrem Ziel gehen müssen und was Sie dafür brauchen.
- Finden Sie heraus, was Ihnen guttut und was nicht.
- Kümmern Sie sich aktiv um Ihr Wohlbefinden.

- Nehmen Sie sich selbst ernst.
- Stehen Sie zu Ihren Entscheidungen.
- Begeben Sie sich nicht in die Opferrolle.
- Überlassen Sie Ihren Erfolg nicht dem Zufall.
- Werden Sie selbst aktiv.

Sie sollten noch heute damit beginnen, die Verantwortung für Ihr eigenes Leben zu übernehmen, denn egal, wie lange Sie warten, das wird niemand anderes für Sie tun.

8.6 FEHLENDE MOTIVATION

Es ist schön, ein Ziel zu haben, doch Sie sollten sich auch mit der Frage auseinandersetzen, weshalb Sie dieses erreichen möchten. Auf den ersten Blick mag diese Frage vielleicht lächerlich für Sie sein, tatsächlich können aber nur sehr wenige Menschen diese auch leicht beantworten. Diese Frage ist eine fundamentale Schlüsselfrage. Wenn man auf diese eine Antwort findet, erkennt man, ob man das eigene Ziel oder das eines anderen Menschen verfolgt. Die Antwort auf diese Frage wird Ihnen die Augen öffnen und Sie klar denken lassen.

Wenn Sie ein Ziel verfolgen, welches Sie eigentlich gar nicht erreichen möchten, wird es Ihnen immer an Motivation mangeln. Finden Sie also tatsächlich heraus, was Ihre eigenen Ziele sind. Wenn Sie sich darüber im Klaren sind, werden Sie auch ausreichend Motivation haben, um Ihren Weg gehen zu können.

8.7 WAS WÄRE WENN – EINE GROSSE FALLE

Menschen bleiben bei der Persönlichkeitsentwicklung auch erfolglos, weil sie sich gar nicht erst richtig aus ihrer Komfortzone heraus trauen. Sie befassen sich immer wieder mit der Frage: „Was wäre, wenn ...?“, dass es sich dabei aber um eine Falle handelt, erkennt keiner.

Natürlich kann es eine große Herausforderung sein, sich neuen Dingen zu stellen. Doch wenn Sie weiterhin in Ihrer Komfortzone bleiben, werden Sie niemals herausfinden, welche Fähigkeiten in Ihnen schlummern und was außerhalb Ihrer Komfortzone für tolle Dinge auf Sie warten.

8.8 DAS NEINSAGEN FÄLLT SCHWER

Wir sagen das Wort „nein“ sehr oft zu uns selbst, aber eher selten zu anderen Menschen. In unserem Leben wird es immer wieder Situationen geben, in denen wir vor besonders großen Herausforderungen stehen. Es spielt dabei keine Rolle, ob im privaten oder beruflichen Bereich. Es kann uns überall treffen. Natürlich wäre es jetzt am einfachsten, wenn man den Kopf einfach so hängen lässt und der Konfrontation aus dem Weg geht. Das führt jedoch nur dazu, dass man seinen Frust herunterschluckt. Menschen, welche die Selbstliebe leben, haben bereits verstanden, dass einem nichts Schlimmes passieren kann, wenn man sich der Situation stellt. Schlucken Sie Ihren Frust nicht länger herunter und machen Sie sich für sich selbst stark. Charlie Chaplin schrieb:

„Wir brauchen uns nicht weiter vor Auseinandersetzungen,
Konflikten und Problemen mit uns selbst und anderen fürchten,
denn sogar Sterne knallen manchmal aufeinander und es entstehen neue Welten.
Heute weiß ich: Das ist das Leben!“

8.9 ABSOLUT ALLES IST NEGATIV

Niemand kann die aktuelle Version von sich selbst hassen, die man später lieben möchte. Allerdings nehmen viele Menschen genau das an. Es wird immer wieder herumgenörgelt, wie schlecht es einem geht, wie viel man zu ertragen hat, wie schwer etwas ist und dass man sowieso manche Dinge niemals schaffen wird.

Wer mit dieser Einstellung an die Persönlichkeitsentwicklung herangeht, der wird von vornherein scheitern. Fehler sind nun mal dazu da, dass sie gemacht werden. Ebenfalls gehören Rückschritte dazu. Wenn Sie vorankommen wollen, müssen Sie lernen, dies zu akzeptieren, und aufhören, sich mit Ihrer Jammerei den Weg zum Erfolg zu verbauen. Nehmen Sie die aktuelle Situation so an, wie sie ist. Akzeptieren Sie diese. Respektieren und lieben Sie Ihre Erfolge, welche Sie bis hierher bereits erzielt haben. Zur Akzeptanz zählt im Übrigen auch, dass man sich darüber bewusst wird, wie man weiter vorgehen möchte, damit das eigene Ziel erreicht werden kann.

Fortan sollten Sie folgende Sätze aus Ihrem Wortschatz streichen:

- Das kann ich nicht.
- Das ist ja viel zu schwer.
- Das ist definitiv unmöglich für mich.
- Ich schaffe das niemals.
- Egal, was ich mache, ich kriege sowieso eine schlechte Bewertung.
- Ich werde sowieso nicht befördert, weil andere bevorzugt werden.
- Die Diät halte ich sowieso nicht durch.
- Ich bin sowieso zu doof für alles.

Menschen, die wenig Selbstliebe für sich übrighaben, diese aber erlernen möchten, müssen zunächst ihre negativen Glaubenssätze auflösen, damit sie die eigenen Ziele erreichen und viel positiver durchs Leben gehen können. Hierfür eignen sich Affirmationen wunderbar. Affirmationen sind nichts anderes als positiv formulierte Sätze. An ihren Inhalt glaubt man wirklich, und durch ständige Wiederholungen können Sie fest in das Unterbewusstsein hineinwachsen, wodurch man sich selbst stärken kann.

Hier ein paar Beispiele dafür:

- Ich bin gut genug.
- Ich bin wertvoll.
- Ich bin stark.
- Ich bin liebenswert.
- Ich nehme mich so an, wie ich bin.
- Ich liebe mich selbst.
- Ich vertraue mir selbst.

8.10 MAN BELÜGT SICH SELBST

Niemand gesteht sich gern ein, was er selbst verkehrt macht. Möglicherweise kennen Sie auch die Situation, dass Sie etwas machen müssen, um erfolgreich dabei zu sein, doch immer wieder reden Sie sich ein, dass es noch Zeit hätte, Sie sich doch sowieso schon recht gut ernähren oder genug Sport treiben. Dies sind jedoch alles Lügen, welche Sie sich selbst auftischen. Es ist Ihre eigene Wirklichkeit, doch die Realität sieht vollkommen anders aus. Wenn Sie Ihre Persönlichkeit weiterentwickeln wollen, ist es von großer Bedeutung, dass Sie in jeder Hinsicht ehrlich mit sich umgehen. Das gilt auch dann, wenn Sie die Wahrheit eigentlich nicht hören wollen.

Kapitel 9: Scheitern gehört zum Erfolg

Natürlich sind Hindernisse oder Hürden auf den ersten Blick nie etwas, worüber man sich freut. Beides wird eher negativ betrachtet. Für unseren inneren Schweinehund sind diese zudem das perfekte Fressen. Er wartet nur darauf, dass wir vor Hindernissen stehen, um seine Falle zuschnappen zu lassen. Wenn ihm das gelingt, holt er uns direkt in die Komfortzone auf der Couch zurück.

An dieser Stelle möchte ich noch einmal betonen, dass Hindernisse und Hürden sehr wohl wichtig sind, wenn Sie Ihre Ziele erreichen wollen. Ebenso möchte ich Ihnen sagen, dass Sie nicht mit der Einstellung durchs Leben laufen sollten, dass etwas passieren kann. Außerdem brauchen Sie auch keine Angst davor zu haben, dass Sie aufgrund einer Hürde von Ihrem Weg abkommen. Früher oder später werden Sie auf Hürden stoßen. Daher sollten Sie sich bewusst machen, dass es immer wieder zu Hindernissen kommen wird, wenn man daran arbeitet, die eigene Persönlichkeit weiterzuentwickeln. Es gehört dazu, sich intensiv mit den Hürden und Hindernissen auseinanderzusetzen.

Wer die Hindernisse einmal genauer betrachtet, der wird auch feststellen können, dass diese nicht immer etwas Negatives sind. Auch wenn wir Menschen dazu neigen, mit den beiden Worten immer etwas Negatives zu verbinden, so haben sie doch auch einige positive Seiten an sich. Nutzen wir die Steine, die uns im Weg liegen, also auch ruhig einmal als Möglichkeit uns auszuruhen, neue Kraft zu tanken, Erfahrungen zu machen und aus ebendiesen zu lernen. Wir sollten uns nicht länger die Frage stellen, was wir durch diese Hindernisse verlieren würden, sondern uns tatsächlich damit beschäftigen, womit uns die ungeplante Verzögerung bereichern kann.

Vielleicht atmen wir einfach einmal einen Moment durch und erweitern somit unseren Blick. Es ist wichtig, dass man die Opferrolle verlässt, in welche man sich so gern begibt. Daher macht es Sinn, die Frage „Wieso immer ich?" aus seinem eigenen Wortschatz zu streichen. Wir sollten tatsächlich damit aufhören, uns ständig selbst zu fragen, wieso wir immer wieder auf Hürden oder Hindernisse treffen.

Vielmehr können wir diese als neue Chancen betrachten, denn das bringen diese Unwegsamkeiten tatsächlich mit sich. Das soll nicht bedeuten, dass Hindernisse immer schön sind und wir diese gut gelaunt überwinden müssen. Tatsächlich sind Hindernisse nämlich nicht immer schön.

Es ist wichtig zu verstehen, dass, wenn man eine positive Einstellung an den Tag legt, dies nicht automatisch heißt, dass man, umgangssprachlich gesehen, einen Regenbogen ausspuckt. Wenn man positiv eingestellt ist, bedeutet das, dass man auch in negativen Situationen positive Aspekte entdecken kann. Diese können einen auch über Wasser halten und uns dazu motivieren, weiterhin am Ball zu bleiben. Demzufolge sind Umwege auch nichts Schlimmes. Sie können sogar Türen für uns öffnen, die wir auf unserem geraden Weg nicht gesehen haben. Reiten Sie auch nicht immer wieder auf den gemachten Fehlern oder Rückschlägen herum. Nutzen Sie diese, um innezuhalten und Ihren bisherigen Weg zu reflektieren. Seien Sie stolz darauf, was Sie bis hierher erreichen konnten und wie weit Sie schon gekommen sind.

Sie können sich außerdem merken, dass sich immer eine neue Tür öffnen wird, wenn sich eine andere schließt. Wir sollten uns dennoch vor Augen halten, dass die Türen niemals ganz geschlossen sind. Tatsächlich stehen sie immer offen. Man kann manchmal nur nicht gleich durch sie hindurch gehen, weil einem die Lösung für ein Problem noch nicht bekannt ist. Manchmal sieht man auch nicht, dass die Türen noch nicht komplett geschlossen sind. Dies lernt man erst durch Erfahrung, denn durch diese kann man seine Sichtweise erweitern. Wer sich auf den Weg macht, um seine Persönlichkeit weiterzuentwickeln, der muss sich im Klaren darüber sein, dass kein Weg immer gerade und reibungslos ist. Es wird immer wieder zu Unebenheiten kommen. Auch diese sollte man von vornherein in Kauf nehmen. Sie können einem die Möglichkeit bieten, Neues zu entdecken und über sich hinauszuwachsen.

Wenn es auch manchmal noch so schwerfällt, so sollten Sie es sich immer wieder ganz fest vornehmen. Es sollte mehr oder weniger auch Ihr Motto werden: Aufgeben ist keine Option. Natürlich sind manche Herausforderungen schwer zu bewältigen, doch mit der Zeit wird man Wege und Mittel finden, diese zu lösen. Seien Sie geduldig, haben Sie Vertrauen, bleiben Sie mutig und halten Sie durch, dann werden Sie Ihr Ziel auch erreichen können.

Kapitel 10: Blockaden auf mentaler Ebene

Um Blockaden loslassen zu können, muss man diese zunächst einmal erkennen. Um diese erkennen zu können, muss man wissen, was überhaupt Blockaden sind. Im Leben eines Menschen können Blockaden eine ziemlich große Rolle einnehmen. Oftmals passiert es, dass ein Mensch solche unbewusst in der Kindheit aufnimmt. Diese wirken im weiteren Leben noch lange und können sogar das Handeln eines Menschen beeinflussen.

Eine Blockade kann man auch als Unfähigkeit bezeichnen, durch welche die Betroffenen außerstande sind, ihr eigenes Potenzial nutzen und umsetzen zu können. Sie treten in unterschiedlichen Formen auf. Für die Betroffenen sind sie unangenehm und können eine große Belastung darstellen.

Es gibt drei Arten von Blockaden:

- Blockaden des gesamten Potenzials
- Lernblockaden
- Blockaden in Stresssituationen

Die Ursache für psychische Blockaden ist häufig eine Angststörung. Hinzu kommt oftmals der Drang, etwas perfekt machen zu wollen und am Ende doch zu versagen oder es gar machen zu müssen. Dies fördert die Versagensangst und auch das Leiden des Betroffenen enorm. Umgangssprachlich kann man Blockaden auch als lästige und sehr heimtückische Kletten bezeichnen, welche sich im Unterbewusstsein eines Menschen verstecken.

Betroffene merken zwar, dass diese vorhanden sind, aber deren genauen Ursprung können sie nicht erkennen. Sie wissen auch nicht, warum dieses Gefühl überhaupt vorhanden ist. Den Menschen stehen keine Möglichkeiten zur Verfügung, diese Blockaden sichtbar zu machen. Dafür gibt es keinen Ultraschall, kein Röntgengerät oder andere Verfahren. Genau aus diesem Grund fällt es den Medizinern und Wissenschaftlern sehr schwer, die seelischen Blockierungen greifbar zu machen. Demzufolge steht man vor einer sehr großen Aufgabe, denn wie soll man etwas, das nicht greifbar ist, lösen und behandeln? Die Blockaden machen dem Menschen das Leben schwer und kosten zudem sehr viel Kraft und Energie. Stress wird hervorgerufen. Diese Faktoren hindern den Betroffenen daran, sein Selbstbewusstsein zu stärken, Selbstvertrauen zu erlangen, sein Leben nach den eigenen Wünschen und Vorstellungen zu gestalten sowie dieses zur Priorität zu machen.

Es gibt aber dennoch einen Weg, um diese Blockaden aufzuspüren und letztendlich auch aufzulösen. Dies ist anders als bei körperlichen Schmerzen, welche man mit Medikamenten heilen könnte. Damit ein Mensch diese seelischen Schmerzen nicht spüren muss, kann er tatsächlich zum Veränderungskünstler werden. Die Betroffenen malen sich daher oft selbst die schlimmsten Befürchtungen mit bunten Farben aus. Auf diesem Weg müssen sie den Problemen nicht in die Augen blicken. Das ist jedoch keine Lösung, sondern sorgt vielmehr dafür, dass die Probleme hier erst so richtig anfangen. Aus dem kleinen Problem kann ein richtig großes werden. Kurzum, das kleine Problem entwickelt sich zu einer großen seelischen Blockade.

Seelische Blockaden laufen im Unterbewusstsein eines Menschen ab und behindern dabei die Handlungs- und Denkweisen des Betroffenen. Deren Entstehung liegen psychische Ausnahmesituationen zugrunde, welche nicht in den bisherigen Lebensverlauf passen. Der seelische Schmerz ist so groß, dass sich diese Ausnahmesituationen nur sehr schwer verarbeiten lassen. Das Unterbewusstsein wird dann Verhaltensweisen entwickeln, mit denen man versucht, den Schmerz zu unterdrücken und letztendlich irgendwie damit fertig zu werden.

Jeder Betroffene sollte sich zur Wehr setzen und sich seinen seelischen Schmerzen stellen. Das, was einen belastet, sollte am Schopf gepackt werden. Jetzt muss nur versucht werden, alle Kraft, die man hat, aufzubringen, um die Blockaden loslassen und auflösen zu können. Wenn man das nicht schafft, haben die Blockaden alles im Griff und verhindern ein glückliches und zufriedenes Leben.

Seelische Blockaden haben folgende Eigenschaften:

- Der Betroffene wird bei jedem Schritt sabotiert.
- Sie können für unterschiedliche Erkrankungen ursächlich sein.
- Sie sorgen dafür, dass man das Gefühl hat auf der Stelle zu treten.
- Sie veranlassen, dass gewisse Probleme immer wieder auftreten.

Seelische Blockaden lassen sich einzig und allein durch eine positive Einstellung auflösen. Möglicherweise haben schmerzhafte Erlebnisse aus Kindheitstagen dazu geführt, dass ein Betroffener seelische Blockaden hat. In der Jugend äußern sich diese als Komplexe, Depressionen oder auch durch geringes Selbstwertgefühl beziehungsweise Selbstbewusstsein. Wer seine seelischen Blockaden tatsächlich lösen möchte, muss sich vor allem mit dem Thema „Loslassen" beschäftigen.

EINEN NEUSTART KANN MAN NUR WAGEN, WENN MAN LOSLÄSST

Um loslassen zu können, hat der Mensch die Wahl aus sehr vielen Methoden. Diese gilt es dann zu erlernen. Bei kleinen Blockaden mag das sehr gut funktionieren, doch manchmal trägt man einen riesig großen Brocken mit sich herum, welcher einen sehr stark belastet. Oftmals findet der Betroffene erst mal keinen richtigen Hebel, damit dieser Brocken gelöst werden kann und somit das Selbstbewusstsein gestärkt wird. Der Grund dafür ist, dass die Betroffenen oftmals an falscher Stelle nach ebendiesem Hebel suchen. Dieser ist nichts anderes als die Erkenntnis, dass man loslassen muss, um die seelische Blockade komplett aufzulösen und nicht länger negativen Ballast mit sich herumzuschleppen. Schauen wir uns dazu einmal an, was genau hier mit „loslassen" gemeint ist. Der Betroffene muss sich, wenn er loslassen möchte, von den negativen Glaubenssätzen verabschieden und diese durch positive ersetzen.

Ich möchte Ihnen an dieser Stelle ein **Beispiel** mit auf den Weg geben, welches das Loslassen negativer Ereignisse verdeutlicht:

Stellen Sie sich vor, Sie steigen in einen vollen Zug, um zur Arbeit zu gelangen. Dieser ist so voll, dass Sie keinen Sitzplatz bekommen und auf dem Gang stehen müssen. Hier befinden sich noch viele andere Leute, die ebenfalls auf dem Weg zur Arbeit sind. Aus heiterem Himmel muss der Lokführer eine Notbremsung durchführen. Dadurch verliert die Person, welche hinter Ihnen steht, das Gleichgewicht und fällt gegen Ihren Rücken. Jetzt haben auch Sie Mühe und Not, aufrecht stehen zu bleiben. Dieser Moment erweckt in Ihnen jede Menge Zorn und Wut. Innerlich schimpfen Sie über die Person und Sie fragen sich, warum sich diese nicht einfach ordentlich festhalten konnte. Dieses schlechte Gefühl wird bei Ihnen jedoch Stress erzeugen. Dann drehen Sie sich um und wollen der Person einmal ordentlich Ihre Meinung sagen. Und plötzlich verändert sich die Situation: Vor Ihnen steht nun ein Mensch, welcher eine dunkle Sonnenbrille trägt und sich an einem Blindenstock festhält. Sie nehmen zudem auch die gelbe Armbinde mit den drei schwarzen Punkten wahr. Ihre Emotionen werden sich augenblicklich verändern. Die Wut und der Zorn werden durch Verständnis und Mitgefühl ersetzt.

An dieser Stelle sollten Sie sich fragen, wodurch diese Gefühlsveränderung überhaupt entstanden ist. Als Sie die Person gesehen haben, konnten Sie eine andere Sichtweise erlangen. Davor haben Sie die Situation vollkommen falsch eingeschätzt und Vorurteile gegen die Person entwickelt. Die neue Situation verhalf Ihnen dazu, Ihre Wut, den Ärger und den Stress loszulassen. Unbewusst haben Sie all die negativen Gefühle mit positiven Gefühlen ersetzt, wodurch sich Ihre Sichtweise verändert hat. Wenn man also Blockaden lösen möchte, muss man die Sichtweise auf die Situation oder das Ereignis verändern. Somit wird eine Neutralisierung des Stresshormons erfolgen. Auf diese Art und Weise können sich dann die positiven Emotionen einstellen.

Natürlich ist es so, dass es nicht immer leichtfällt, neue Denkweisen zu manifestieren. Immerhin haben die Verletzungen oftmals auch sehr tiefe Wurzeln. Hier ist es wichtig, dass man als Betroffener lernt, zu erkennen, weshalb man auf bestimmte Situationen so negativ reagiert. Es besteht die Möglichkeit, dass die Blockade gar nichts mit den äußeren Einflüssen zu tun hat, sondern dass man sich selbst im Weg steht und nicht über den eigenen Schatten springen kann.

Es ist wichtig, dass zunächst der Ursprung dieser Blockaden geklärt wird. Um dies zu schaffen, ist es notwendig, die Merkmale seelischer Blockaden aufzuspüren.

Nutzen Sie die folgenden Punkte dafür:

- Die Röte steigt Ihnen sofort ins Gesicht, wenn andere Sie ansprechen.
- Es fehlen Ihnen die Worte, sobald Sie vor anderen Menschen reden sollen.
- Sie haben den Prüfungsstoff auswendig gelernt und trotzdem einen Blackout.
- Sobald es nicht optimal läuft, haben Sie das Gefühl, die Kontrolle zu verlieren.
- In Ihrem Unterbewusstsein tauchen immer wieder Erinnerungen auf, welche mit der Vergangenheit in Verbindung stehen.

Falls einer oder mehrere dieser Punkte zutreffen, so besteht die Wahrscheinlichkeit, dass bei Ihnen eine seelische Blockade vorliegt. Diese Blockade müssen Sie nun auflösen. Und auch wenn ich Ihnen jetzt gern ein Rezept für einen Zaubertrank präsentieren möchte, so muss ich Sie enttäuschen, denn ein Wundermittel gibt es nicht. Ich kann Ihnen aber sagen, wer Ihnen dabei helfen kann, sich diesen negativen Gefühlen zu stellen: Sie selbst.

Sie sollten niemals versuchen, Ihre Emotionen zu ignorieren. Wenn Sie selbst die Weichen stellen, sorgen Sie dafür, dass Ihr Lebenszug in die richtige Richtung fährt und sich Glück und Zufriedenheit einstellen können. Demzufolge ist der erste Schritt, die eigenen Ärmel hochzukrempeln und tätig zu werden. Sie können sich selbst dazu motivieren, indem Sie sich davon überzeugen, dass es Ihnen gelingen wird, ein besseres Leben zu führen. Machen Sie sich bewusst, dass Sie alles dafür tun würden, um Ihr Ziel, ein besseres Leben zu führen, zu erreichen. An dieser Stelle sei angemerkt, dass die Entscheidung dafür nicht das alleinige Heilmittel ist. Jetzt gilt es zu handeln. Ohne das Handeln wird es Ihnen auch nicht gelingen.

TIPPS, WIE AUCH SIE BLOCKADEN LÖSEN KÖNNEN

Tipp 1: Selbstreflexion

Damit es einem gelingen kann, die inneren Blockaden wirklich erfolgreich zu lösen, muss man direkt am Anfang einen sehr wichtigen Schritt gehen. Der Betroffene muss sich zunächst darüber klar werden, wodurch er überhaupt blockiert wird. Nur so kann er etwas dagegen unternehmen. Ein Mensch, welcher tatsächlich selbstbestimmt leben möchte, kommt nicht daran vorbei, zu erforschen, wobei er sich selbst im Weg steht. Nehmen wir doch mal das Beispiel, bei dem ein Mensch Angst vor dem Versagen hat. Tatsächlich kann diese Angst so stark ausgeprägt sein, dass der Betroffene eine Herausforderung gar nicht erst annimmt. Durch diese Art und Weise ist gar nicht erst möglich, dass man versagt. Aber wie will man dann gewinnen? Das bleibt dabei ebenso auf der Strecke.

Wenn auch Sie erkennen können, dass Sie immer wieder Gründe finden, weshalb Sie eine Herausforderung nicht annehmen sollten, besteht möglicherweise auch bei Ihnen Angst vor dem Scheitern, hinter welcher sich eine Blockade versteckt. Um diese zu identifizieren, braucht man viel Geduld, denn das ist für den Betroffenen selbst nicht immer leicht. Die beste Methode ist die Selbstreflexion. So kann man sich und das eigene Verhalten hinterfragen. Manchmal kann es auch sehr hilfreich sein, wenn man die Familie oder enge Freunde einbezieht. Diesen Personen wird es oftmals leichter fallen, die Blockaden eines Betroffenen zu erkennen. Wenn man hier liest, dass man sich auf sich selbst konzentrieren soll, hört sich das natürlich einfacher an, als es in Wirklichkeit ist. Damit Ihnen dies gelingt, empfehle ich Meditation oder Entspannungsübungen durchzuführen. Beides sind sehr hilfreiche Methoden, um den Kopf freizubekommen.

Tipp 2: Selbsthilfe

Es gibt ganz unterschiedliche Ursachen für innere Blockaden. Zudem können diese auch verschieden stark ausgeprägt sein. Die inneren Blockaden sind Gefühle, welche von den Betroffenen oftmals einfach verdrängt werden. Wenn man sich dann mit diesen auseinandersetzen muss, kann das sehr überwältigend sein. Manche Emotionen können sehr stark im negativen Sinn auffällig sein. Es ist auch möglich, dass diese massiv in der Psyche verankert sind. Betroffene, die hier merken, dass sie schnell an ihre Grenzen stoßen und es nicht allein schaffen werden, diese Blockaden zu durchbrechen, können sich einem Arzt oder Therapeuten anvertrauen.

Es ist gut möglich, dass sich hinter diesen tiefsitzenden Blockaden eine posttraumatische Belastungsstörung, eine Persönlichkeitsstörung oder andere Krankheiten verbergen. Hier ist es ratsam, diese nicht allein, sondern mit therapeutischer Hilfe zu bekämpfen.

Tipp 3: Bewältigung von leichten inneren Blockaden

Wenn man erst einmal auf eine emotionale Blockade gestoßen ist, sollte man sich auch intensiv mit dieser beschäftigen. Tatsache ist, dass es oftmals die negativen Erfahrungswerte sind, welche mit der inneren Blockade zusammenhängen. Kennt man den Auslöser, ist es wichtig, sich mit ebendieser Erinnerung zu beschäftigen, um abschließen zu können.

Manchmal ist es auch so, dass die Erinnerungen sehr tief sitzen oder so weit zurückliegen, dass man sich an den Auslöser für diese Blockade gar nicht mehr richtig erinnern kann. Dennoch ist es wichtig, dass man seine Aufmerksamkeit auf diese Emotionen lenkt. Vermeiden Sie hier nicht die negativen Gefühle oder Gedanken, lassen Sie diese zu. Wer zum Beispiel Angst vor dem Versagen hat, sollte sich die schlimmste Situation vorstellen. Beispielsweise kann es sein, dass man von anderen ausgelacht wird oder andere wiederum etwas Besseres von einem erwarten. Nun geht es darum, dass man sich genau überlegt, ob diese Situation tatsächlich so schlimm ist oder ob man sich nicht viel mehr darüber ärgert, wenn man sich selbst im Weg steht. Anschließend sollten Sie die Gegensituation durchdenken. Hinterfragen Sie, was Sie erwarten könnten, wenn Sie sich der Situation stellen. Mit diesem Gedankenspiel können Sie Ihr Selbstbewusstsein wunderbar stärken. Zusätzlich können Sie auch hier Meditation oder Entspannungsübungen einsetzen.

Tipp 4: Lösen und als Potenzial nutzen

Jeder Mensch trägt Blockaden in sich. Jeder wünscht sich, dass er diese lösen und somit endlich frei sein kann. Es gibt so viele Menschen, die gar nicht wissen, was in ihnen steckt und was in deren Möglichkeiten liegt. Der Mensch neigt oftmals dazu, sich zu verstellen und sich viel kleiner zu machen, als er eigentlich ist. Immer wieder passt man sich an Situationen oder andere Menschen an, wodurch dann wiederum das eigene Potenzial nicht ausgenutzt wird.

Daher gilt, dass man, wie in den vorangegangenen Punkten auch, die Ursachen finden und die Blockaden lösen muss. Wenn man diese erkannt hat, kann man sie auch in positive Dinge umwandeln. Stellt man sich beispielsweise vor, was die Angst mit einem macht, wenn man vor zahlreichen Menschen sprechen muss, wird man eher gehemmt sein. Stellt man sich dagegen vor, was es mit einem macht, wenn man mutig ist, so kann man sich wunderbar selbst motivieren und obendrein sein Selbstbewusstsein stärken.

Tipp 5: Sich bewusst machen, was man erreichen will

Wer planlos durchs Leben läuft, der kann auch eher wenig erreichen, denn nicht alle Dinge werden einem einfach so zufliegen. Für vieles muss man selbst eintreten und dafür kämpfen, mit all seiner Kraft und seinem Willen. Nur so lassen sich manche Dinge auch tatsächlich erreichen. Es ist also unabdingbar, selbst tätig zu werden. Denken Sie in aller Ruhe darüber nach, welche Ziele Sie haben. Notieren Sie diese und schauen Sie, welche davon Sie wirklich erreichen wollen.

Tipp 6: Das eigene Selbstvertrauen erkennen

Werfen Sie einmal einen Blick darauf, wie Sie sich in gewissen Situationen verhalten. Sind Sie immer mutig und verwirklichen Sie Ihre Träume? Stehen Sie für sich selbst ein? Trauen Sie sich weniger zu und halten Sie sich daher auch zurück? Wenn es der Fall ist, dass Sie sich bisher nur sehr wenig zutrauten, haben Sie nun die Aufgabe, herauszufinden, weshalb das so ist. Nur so können Sie zukünftig mutiger sein. Ein mutiger Mensch wird oftmals dafür beneidet, dass er die Dinge einfach beim Schopf packt. Bei diesen Menschen wurde die Blockade hinsichtlich des mangelnden Selbstvertrauens gelöst.

Wenn auch Sie mutig sein wollen, ist es jetzt an der Zeit, sich ehrlich zu hinterfragen, wie viel man sich eigentlich vertraut und welche Verhaltensweisen das eigene Leben bestimmen. Je nach Lebensbereich ist dies auch häufig unterschiedlich. Erkennen Sie nun ein negatives Selbstvertrauen, so ist es ganz wichtig, dass Sie nicht auf sich selbst böse sind. Jetzt ist es an der Zeit, dass diese Blockade nach und nach aufgelöst wird, dann können Sie ein gesundes Selbstvertrauen aufbauen. Wenn Sie sehr häufig denken, dass Sie nicht gut genug sind oder Ihnen gewisse Qualifikationen fehlen, damit Sie erfolgreich sein können, sind das sichere Indizien für ein geringes Selbstvertrauen. Tatsächlich können Sie viel mehr, als Sie glauben.

Tipp 7: Die täglichen Gedanken beachten

Jeder Mensch macht sich Gedanken. Jetzt ist es an der Zeit, dass Sie Ihre eigenen Gedanken über den Tag hinweg einmal beobachten. Schreiben Sie auf, was Ihnen alles durch den Kopf geht. Denken Sie eher positiv oder doch vielleicht negativ? Machen Sie sich in Ihren Gedanken vielleicht selbst schlecht oder reden Sie gut über sich? Wichtig ist auch herauszufinden, wie Sie mit sich selbst sprechen. Hinterfragen Sie, wie andere Menschen zu Ihnen sprechen dürfen.

Menschen, die eher schlecht von sich selbst sprechen, haben möglicherweise ein negatives Selbstbild. Diese Personen sehen sich oftmals viel schlechter, als sie es in Wirklichkeit sind. Gewisse Erfahrungen haben dafür gesorgt, dass man all dies daraus schlussfolgert. Zudem prägen sie auch das gesamte Verhalten, woraus eine Blockade entsteht. Die Betroffenen können dann nicht erkennen, was wirklich in ihnen steckt. Sie lassen so Chancen verstreichen und bleiben deutlich unter ihrer wahren Größe. Daher ist es ratsam, die Gedanken detailliert zu überprüfen.

Tipp 8: Woher kommen die Gedanken

Oftmals fragt man sich, wie es zahlreiche andere Menschen schaffen, ihren eigenen Weg stets mutig zu gehen und sich dabei nicht von anderen beeinflussen zu lassen. An dieser Stelle kann ich Ihnen sagen, dass diesen Menschen das Selbstvertrauen ebenfalls nicht in die Wiege gelegt wurde. Diese Menschen können an anderer Stelle eine innere Blockade haben. Vielleicht haben sie auch lange dafür gebraucht, eine Blockade hinsichtlich des Selbstvertrauens zu lösen. Die Erfahrungen der Kindheit prägen das menschliche Verhalten sehr. Die Erlebnisse der damaligen Zeit sind tief im Unterbewusstsein gespeichert.

Dies spiegelt sich wiederum in typischen Handlungsmustern wider. Damit man die Blockaden auf dieser Ebene lösen kann, ist es wichtig, sich die Notizen von den vorangegangenen Tipps noch einmal anzusehen. So können Sie herausfinden, welche Verbindung es zu den Erlebnissen in der Vergangenheit gibt. Vielleicht haben Sie Erfahrungen gemacht, welche gewisse Denkmuster bildeten. Sagten vielleicht die eigenen Eltern etwas Negatives über Sie? Finden Sie heraus, inwieweit die eigene Kindheit Sie in Ihrem Verhalten prägte. Finden Sie zudem auch heraus, welche negativen Glaubenssätze Sie seit jeher im Alltag und im Verhalten begleiten. Es muss einen Grund dafür geben, weshalb man sich manche Dinge gar nicht erst zutraut. Man sollte hier immer versuchen, die Erfahrung in der Kindheit so genau wie möglich herauszufiltern.

Tipp 9: Eine kraftvolle Affirmation kreieren

Viele Menschen sind oftmals sehr von negativen Denkmustern oder Überzeugungen sowie Blockaden geprägt, welche die Kraft rauben und daran hindern, die wirklich beste Version von sich selbst zu sein. Die Chancen, die sich einem bieten, werden nicht ergriffen, sondern verstreichen. Wer sein eigenes volles Potenzial ausschöpfen möchte, braucht positive Überzeugungen, durch welche man auch positive Erfahrungen sammeln kann, die zudem den Menschen neu prägen. Lernen Sie, sich neu zu koordinieren. Lösen Sie nach und nach Ihre inneren Blockaden. Dadurch verändern Sie Ihr Selbstbild und Sie werden immer mehr zur besten Version Ihrer selbst.

Überlegen Sie sich, was Sie von nun an verändern möchten. Wer möchten Sie in Zukunft sein? Wenn Sie eine Frau sind, gilt es zu hinterfragen, welches Bild einer

Frau man einnehmen möchte und nach außen hin präsentiert. Notieren Sie auch, was Ihnen sofort einfällt, ohne großartig darüber nachzudenken.

Wählen Sie für diese Übung folgende Formulierungen:

Beispiel: Ich bin eine kluge Frau und mein Beruf ist so entspannt, dass er mich vollkommen erfüllt.

Schreiben Sie sich Ihre eigenen Sätze am besten auf einen Zettel, welchen Sie irgendwo aufhängen, wo Sie ihn immer wieder sehen können. Sie können diesen Zettel aber auch stets bei sich tragen und in gewissen Situationen noch mal darauf schauen. Es ist wichtig, dass Sie sich Ihre eigenen Sätze mindestens einmal pro Tag laut vorlesen. Immer dann, wenn Sie in Ihre alten Blockaden zurückrutschen und in Zweifel verfallen, werden Sie sich von nun an Ihre eigenen Sätze aufsagen und sich dabei fragen, wie sich die Person, die Sie eigentlich sein wollen, in diesen Situationen wohl verhalten würde. Diese Sätze sollten zur täglichen Routine werden.

Tipp 10: Achtsam sein und Zeit nehmen

Jetzt haben Sie sich die positiven Affirmationen sowie den Leitsatz für Ihre neue Identität notiert. Beobachten Sie sich nun im Alltag und nehmen Sie sich die Zeit für die beste Version von sich selbst. Es ist dabei hilfreich, sich ganz genau zu überlegen, wie man nach der Auflösung der Blockaden sein möchte. Diese neue Person sollte genau visualisiert werden, denn unser Unterbewusstsein reagiert wunderbar auf Bilder. Haben Sie also ein möglichst klares Bild von Ihrer neuen Persönlichkeit.

Stellen Sie sich vor, wie sich diese neue Person fühlt, spüren Sie Ihre Kraft und versuchen Sie, sich immer mehr wie diese Personen zu fühlen. Sollten Sie in Ihre alten Muster zurückfallen, ist es ganz wichtig, sich sofort für die neue Persönlichkeit zu entscheiden. Das eigene Verhalten sollte genau analysiert und beobachtet werden. Damit man eine neue Persönlichkeit werden kann, muss man die inneren Blockaden kennen und auch verstehen. Wer sich so genau wie möglich bewusst machen kann, wie er sich in bestimmten Momenten verhält, kann demnach schneller das eigene Verhalten ändern und die Blockade damit nach und nach loslassen. Man erlangt so automatisch mehr Bewusstheit für sich selbst, sein eigenes Verhalten und das gesamte Leben.

Tipp 11: Meditieren

Damit man den Fokus noch viel besser auf sich selbst lenken kann, sollte man damit beginnen zu meditieren. Die Meditation ist eine sehr hilfreiche Methode, um die Aufmerksamkeit zu bündeln sowie die Emotionen auf ein positives Selbstbild zu konzentrieren. Dabei kann man Blockaden wunderbar loslassen. Durch die Meditation wird man in ein gutes Gefühl versetzt. Man verspürt Power und Leichtigkeit.

Je häufiger man meditiert, desto mehr innere Ruhe wird man verspüren. Beim Meditieren lernt man, immer mehr zu fühlen und in den eigenen Körper einzutauchen. Das Unterbewusstsein wird dadurch geöffnet und die Vorstellungskraft gestärkt. Auf diese Art und Weise kann man seine inneren Kritiker besänftigen. Am Anfang wird es noch etwas schwerfallen, doch je mehr man übt, desto besser gelingt einem das Meditieren. Geben Sie daher nicht sofort auf, wenn Sie anfangs Ihre Konzentration nicht bündeln können. Sie werden mit jeder Meditation neue Erkenntnisse erlangen und Erfahrungen sammeln.

Kapitel 11: Eigene Erfolge feiern

Wenn bereits kleine Erfolge erzielt wurden, sollten diese unbedingt gefeiert werden, denn das hilft einem dabei, die Blockaden noch besser loszulassen. Jeder Mensch erzielt jeden Tag Erfolge. Es zählen nicht nur die großen, sondern vor allem auch die kleinen Erfolge, denn diese wirken sich ebenfalls bewusst auf das Selbstbild aus. Seien Sie nun also achtsam und notieren Sie sich am besten jeden Tag, worin Sie erfolgreich waren. Jeder Mensch kann hier etwas finden. Sie können außerdem notieren, wofür Sie sich wertschätzen und was Sie besonders gut gemacht haben. Auch hier ist wieder wichtig, dass man den kleinen Dingen Beachtung schenkt.

Vielleicht haben Sie schon einmal etwas von einem Dankbarkeitstagebuch gehört. Das kann wunderbar zum Einsatz kommen. Dieses legen Sie am besten neben Ihr Bett und Sie schreiben dann am Abend hinein, welche kleinen Erfolge Sie erzielen konnten, wofür Sie dankbar sind, wobei Sie sich wertschätzen. Sie können auch, ehe Sie die täglichen Erfolge notieren, zunächst die Dinge der vorangegangenen Tage noch einmal durchlesen. Das motiviert unheimlich. Sie können sich auch am nächsten Morgen noch einmal Ihr Tagebuch zur Hand nehmen und nachlesen, welche Erfolge Sie am Tag zuvor erzielt haben. So gehen Sie gestärkter in den Tag hinein. Die einfache Übung hilft dabei, das Gefühl immer mehr ins Positive zu verändern. Die Folge davon ist, dass man noch mehr Erfolge erzielt. Dadurch verändert sich nach und nach das Selbstbild und die Blockaden lösen sich auf.

Kapitel 12: Unser Unterbewusstsein ist mächtig

Wir alle haben eine innere Stimme. Manchmal ist diese sogar sehr machtvoll. So schön sie auch klingen mag, so gefährlich kann sie gleichzeitig sein – ganz besonders für unser Selbstwertgefühl und unser Selbstvertrauen. In kürzester Zeit kann es ihr gelingen, beide wieder zu zerstören. Gelingt es uns jedoch, diese zu regulieren, wird sie es nicht schaffen. Unsere innere Stimme braucht deswegen auch unsere Aufmerksamkeit.

Der Thron unserer inneren Stimme befindet sich direkt in unserem Kopf. Dort führt sie sich wie ein König oder sogar wie ein Kaiser auf. Ständig spricht sie zu uns und kommandiert uns herum. Tatsächlich hängt es sogar von unserer Gefühlslage ab, wie diese Stimme mit uns spricht. Demzufolge fühlen wir uns entweder gut, bestätigt und anerkannt, oder aber wir fühlen uns durch ihren sehr unfreundlichen Ton eher unzulänglich und klein.

In manchen Situationen sagt sie zu uns: „Bist du verrückt? Warum konntest du denn nicht aufpassen?! Wenn das so weitergeht, wirst du dich komplett lächerlich machen.“ Spricht unsere innere Stimme tatsächlich so mit uns, müssen wir uns die Frage stellen, wie man Erfolg ausgerechnet mit ihr erzielen soll. Es wird immerhin nicht lange dauern, dass wir den Kopf einziehen und die Schultern hängen lassen, sich ein mieses Gefühl einstellt und wir unsicher werden. Ist es aber so, dass unsere innere Stimme uns schmeichelt und uns dafür lobt, wie toll wir aussehen, fühlen wir uns gleich viel besser und bestätigt. Wir beginnen damit, uns aufzurichten und empfinden sogar Stolz.

Wie Sie sehen, kann unsere innere Stimme entweder ein Tyrann sein oder uns wie eine beste Freundin behandeln. Manchmal ist sie aber auch die liebende Mutter, welche uns daran erinnert, einen Schritt nach dem anderen zu gehen und alles in Ruhe anzupacken. Sie sagt uns, dass wir uns nicht unter Druck setzen sollten. Wenn sie so mit uns spricht, empfinden wir Beruhigung. Durch die verschiedenen Redensarten können Sie nun gut erkennen, dass auch Ihre innere Stimme sehr mächtig ist und dass Sie diese niemals unterschätzen sollten. Ein einziger Satz kann bereits großen Einfluss auf unser Lebensgefühl, das Selbstvertrauen und die Selbstliebe haben. Versuchen Sie sich doch einmal vorzustellen, was mit einer Person geschieht, welche über sehr viele Jahre hinweg immer nur Sätze hört, durch welche sie niedergemacht wird. Stellen Sie sich vor, wie sich eine solche Person wohl fühlt.

Wenn Sie mit dieser Übung fertig sind, stellen Sie sich eine weitere Person vor. Diese hat jedoch über all die Jahre Bestätigung, Bewunderung, Lob oder Mitgefühl von ihrer inneren Stimme gehört. Versuchen Sie sich nun auch vorzustellen, wie sich solch eine Person fühlt. Es ist traurig, aber eben auch Tatsache, dass wir irgendwann wirklich daran glauben, was uns unsere innere Stimme stets und ständig sagt. Man beginnt, das eigene Verhalten danach auszurichten. Das eigene Umfeld gibt einem die entsprechende Reaktion darauf. Dadurch wird das negative Selbstbild jedoch noch mehr bestätigt, und das merken wir leider selbst nicht.

Ein Mensch, der eigentlich ziemlich klug, fleißig und begabt ist, kann sich demzufolge unzulänglich fühlen und wird sich für seine mangelnden Leistungen selber herunterputzen. Immer wieder wird er sich zu besseren Leistungen antreiben, um sich selbst im Spiegel betrachten zu können. Sehr attraktive Menschen können sich selbst ebenso kritisch betrachten, wenn ihre innere Stimme so mit ihnen spricht. Das kann dann dazu führen, dass selbst der kleinste Makel am Körper verurteilt und der eigene Körper abgelehnt wird. Ja, es kann sogar so weit führen, dass sich dieser Mensch selbst hasst, weil er nicht makellos ist. Sie müssen verstehen, dass auch Sie Ihr Selbstbild durch Ihre innere Stimme schaffen. Lernen Sie, dass Sie Ihre innere Stimme jederzeit neu erschaffen könne. Das ist es, was jeder Mensch ganz bewusst tun sollte, da das gesamte Lebensgefühl davon abhängig ist.

Sorgen Sie dafür, dass Ihre innere Stimme nicht länger Ihr Feind ist. Machen Sie sich diese zum Freund, der gut mit Ihnen ist, Sie kennt und mag, unterstützt, bestätigt und genau so liebt, wie Sie sind, ohne dass er dafür etwas einfordert. Eben dieser Freund sollte seine Worte vorsichtig wählen. Kritik sollte liebevoll herübergebracht werden. Dieser Freund sollte Sie niemals niedermachen oder Sie infrage stellen. Nicht nur unsere innere Stimme sollte so mit uns umgehen, sondern auch wir selbst. Sprechen Sie jeden Tag liebevoll mit sich, auch wenn es am Anfang ungewöhnlich oder lächerlich erscheinen mag, es kann durchaus sehr viel bewirken. Unsere innere Stimme kann sich allerdings auch verselbstständigen. Wenn dies der Fall ist, nehmen wir nicht mehr bewusst wahr, was Sie zu uns sagt. Wir betrachten dann die Art und Weise, wie Sie mit uns spricht, als normal. Wenn das der Fall ist, sollten Sie sich einmal damit auseinandersetzen und sich überlegen, wie Sie Ihre innere Stimme zu Ihrem guten Freund machen können.

Als Erstes können Sie sich vornehmen, einen ganzen Tag lang ganz bewusst darauf zu achten, was die innere Stimme zu Ihnen sagt. Hören Sie genau hin, wie diese Stimme mit Ihnen spricht. Behalten Sie im Hinterkopf, dass dies nicht immer in allen Situationen gut gelingen wird. Sie werden aber merken, dass es in anderen Situationen doch schon sehr gut klappt. Diese Übung funktioniert am besten, wenn man sich vorstellt, dass man mit einer anderen Person spricht. So erhalten Sie einen sehr guten Eindruck darüber, wie Ihr eigenes Selbstbild aussehen soll.

Ich empfehle Ihnen außerdem, dass Sie bei solchen Übungen alles aufschreiben. Möglicherweise denken Sie an eine bestimmte Stimme, welche Sie an die Vergangenheit erinnert. Schreiben Sie auf, wem diese Stimme gehört und in welcher Situation so mit Ihnen gesprochen wurde. Vielleicht waren es die Eltern, Geschwister, andere Personen aus der Familie oder auch Mitschüler und Lehrer. Wichtig ist, dass Sie auch aufschreiben, wie Sie sich damals fühlten. Seien Sie sich bewusst, dass diese Erinnerungen schmerzen können. Trotzdem sollten Sie sich Notizen dazu machen, denn so können die Dinge klarer werden. Wer sich von vergangenen Dingen lösen will, muss erst einmal verstehen, unter welchem Einfluss man in der Vergangenheit stand und welche Menschen diesen auf uns ausgeübt haben. Ebenfalls ist es wichtig zu wissen, was das mit einem gemacht hat. Wenn Ihnen das bewusst wird, können Sie erkennen, dass die Schuld nicht bei Ihnen liegt, und dass Sie nicht falsch sind. Andere Menschen haben Fehler gemacht. Ist Ihnen das gelungen, so können Sie auch damit beginnen, der negativen inneren Stimmen nicht länger Gehör zu schenken. Es ist nun Zeit für eine positiv eingestellte innere Stimme. Nun können Sie beginnen, mit sich selbst wie mit einem guten Freund zu sprechen.

Denken Sie hierfür an den liebevollsten und herzlichsten Menschen aus Ihrem Leben. Tatsächlich können Sie Ihrer inneren Stimme auch die Stimme dieser Person geben. Außerdem bestimmen Sie, was Ihnen Ihre Stimme von nun an sagen wird. Wenn man sich die Stimme einer positiven Person ausleiht, gewinnt man Abstand von der negativen Person. Wiederholen Sie in den nächsten zwei Wochen genau diese Übungen jeden Tag. Überlegen Sie sich eine feste Zeit in Ihrem Tagesablauf, um die Übung zu integrieren. Sie werden sehen, dass Ihre innere Stimme mit der Zeit diese Gewohnheit übernimmt und alles ganz automatisch vonstattengeht.

Mit anderen Worten kann man sagen, dass man von nun an seine innere Stimme erzieht, damit sie das gewünschte Verhalten an den Tag legt und eine gute Unterstützung, Sicherheit und Bestätigung wird. Sie bringen Ihrer inneren Stimme bei, Sie fortan gut zu behandeln und nicht niederzumachen oder zu verunsichern. Ihr Selbstvertrauen, Ihr Selbstwertgefühl, Ihre Selbstliebe und auch das gesamte Lebensgefühl verändern sich dadurch sehr stark positiv. Ihre innere Stimme wird nach und nach zu einem Instrument, welches Ihnen Aufmerksamkeit, Bestätigung, Liebe und Zuwendung schenkt.

Kapitel 13: 30-Tage-Plan zur Persönlichkeitsentwicklung

Herzlichen Glückwunsch! Es ist Ihnen gelungen, sich durch einige Kapitel mit hauptsächlich theoretischem Wissen zu kämpfen. Das ist schon ein sehr großer und vor allem adäquater Schritt in die richtige Richtung gewesen. Die verschiedenen Übungen sollen sich natürlich auch auszahlen und die Mühe, alle Kapitel zu lesen, ebenfalls. Aus diesem Grund habe ich für Sie einen 30-Tage-Plan erstellt, der Sie auf Ihrem Weg und mit Ihrer Aufgabe, die eigene Persönlichkeit weiterzuentwickeln, unterstützen soll.

Die Aufgaben der einzelnen Tage sind kurz und knapp, sodass Sie sich nicht ewig einlesen müssen. Sie können alles direkt anwenden. Ich wünsche Ihnen dabei maximale Erfolge.

Tag 1:	Erstellen Sie sich eine „Gute-Laune-Playlist“. Musik sorgt für gute Laune und die wiederum für Motivation, um daran zu arbeiten, seine Ziele zu erreichen.
Tag 2:	Was haben Sie als Kind gern gegessen? Kochen Sie dieses Gericht doch einmal selbst.
Tag 3:	Gehen Sie so früh wie noch nie ins Bett – und stehen Sie so früh wie noch nie auf! Besiegen Sie damit Ihren inneren Schweinehund.
Tag 4:	Meditieren Sie zehn Minuten lang.
Tag 5:	Nehmen Sie heute bei jedem Menschen in Ihrer Umgebung ganz bewusst das Gute wahr. Sagen Sie es ihnen!

Tag 6:	Ziehen Sie Ihr wundervollstes Outfit an, auch wenn Sie nicht aus dem Haus gehen. Hinweis: Lesen Sie sich direkt die Aufgabe für morgen durch.
Tag 7:	Versuchen Sie heute, den Sonnenaufgang zu sehen.
Tag 8:	Rufen Sie jemanden an, den Sie schon länger nicht mehr gehört haben.
Tag 9:	Welche Kleinigkeit macht Ihnen besonders viel Freude? Schenken Sie jemandem genau das.
Tag 10:	Kaufen Sie sich heute selbst einen wunderschönen Blumenstrauß oder Ihre Lieblingsschokolade.
Tag 11:	Sorgen Sie für Ihren „Best-Hair-Day" und verwöhnen Sie sich mit einem Schaumbad oder einer warmen Dusche.
Tag 12:	Schreiben Sie zehn Menschen auf, die Sie inspirieren.
Tag 13:	Machen Sie sich heute – mitten am Tag – einen Pfannkuchen.
Tag 14:	Halten Sie Ausschau, wer heute Motivation vertragen könnte. Tun Sie dieser Person etwas Gutes!
Tag 15:	Schreiben Sie eine positive Bewertung für Ihr liebstes Restaurant oder Café.

Tag 16:	Machen Sie dem Postboten oder der Kassiererin ein ehrlich gemeintes Kompliment.
Tag 17:	Unternehmen Sie heute etwas, das Sie als Kind sehr geliebt haben.
Tag 18:	Heute ist Outdoor-Tag! Fahren Sie mit dem Rad und entdecken Sie neue Geheimplätze in Ihrer Heimat.
Tag 19:	Entfolgen, löschen und entfernen: Lösen Sie sich digital von allem, was Ihnen nicht guttut!
Tag 20:	Starten Sie den Tag mit Ihrem Lieblingssong und tanzen Sie dazu, denn der Körper schüttet jede Menge Endorphine dabei aus.
Tag 21:	Entwerfen Sie heute zu einem Worst-Case-Szenario auch ein „Best-Case-Szenario".
Tag 22:	Welches Thema liegt Ihnen gerade sehr am Herzen? Überlegen Sie, was Sie tun könnten, um es zu unterstützen.
Tag 23:	Bringen Sie sich selbst zum Lachen!
Tag 24:	Sprechen Sie heute spontan jemanden an, der Ihnen über den Weg läuft.
Tag 25:	Rufen Sie sehr schöne Erinnerungen ab, wenn Sie gerade an der Ampel oder in der langen Supermarktschlange stehen.

Tag 26:	Machen Sie einen Spaziergang und bewundern Sie die Umgebung.
Tag 27:	Lernen Sie etwas Neues.
Tag 28:	Hören Sie DEN Song Ihrer Teenie-Jahre in voller Lautstärke und singen Sie den Text von vorn bis hinten mit.
Tag 29:	Füllen Sie Ihre sozialen Medien mit Freude, indem Sie Menschen und Organisationen folgen, die Sie inspirieren.
Tag 30:	Wählen Sie Ihr persönliches positives Mantra des Tages, zum Beispiel ein Satz, der Sie innerlich stärkt, wie: „In mir liegt der Schlüssel zur Veränderung!"

Ihnen hat der 30-Tage-Plan gefallen? Sie haben hin und wieder mit einer Übung gehadert und sich an dieser Stelle etwas anderes gewünscht? Kein Problem. Sie können sich einen solchen Plan für die Zukunft auch ganz einfach selbst erstellen. Nutzen Sie diesen Plan hier als Anregung und werden Sie kreativ. Diese Challenge kann man immer wieder integrieren und sich somit immer neu motivieren, um die eigene Persönlichkeit weiterzuentwickeln.

Schlusswort

Egal, welches Geschlecht man hat, egal, ob Kind, Jugendlicher oder Erwachsener – alle können in ihrem Leben früher oder später einmal mit Selbstzweifeln oder mangelnder Selbstliebe konfrontiert werden. Zudem kann in jedem Alter in verschiedenen Bereichen der Erfolg ausbleiben. Hier ist es allerdings wichtig, dass man keinen allzu großen Wert auf die jeweilige Situation legt, sondern seinen Fokus darauf richtet, wie man etwas verändern kann. Machen Sie sich also bewusst, ob Sie tatsächlich ein Leben lang in Ihren Selbstzweifeln versinken und aus Sicherheitsgründen Ihre Komfortzone niemals verlassen wollen. Vielleicht wollen Sie aber doch Ihr Leben selbst in die Hand nehmen und es zum Positiven verändern.

Mit diesem Buch haben Sie bereits zahlreiche Tipps und jede Menge Informationen rund um das Thema Persönlichkeitsentwicklung erhalten. Jetzt liegt es an Ihnen, wofür Sie sich entscheiden und wie Sie Ihr Leben weiterhin gestalten wollen. Sie haben sich mit dem Kauf des Buches bereits dafür entschieden, dass Sie etwas verändern oder weiterentwickeln wollen. Als Sie es gelesen haben, war dies der zweite wichtige Schritt. Und da aller guten Dinge drei sind, sollten Sie nun auch den finalen Schritt wagen und das Gelernte auch in der Praxis anwenden.

Trauen Sie sich! Sie haben die Kraft und jede Menge unentdeckte Fähigkeiten, die in Ihnen schlummern. Verlassen Sie Ihre Komfortzone und beginnen Sie aktiv damit, Ihr Leben in die positive Richtung zu lenken. Gehen Sie Ihren Weg in kleinen Schritten und feiern Sie jeden Erfolg, den Sie erzielen können. Die kleinen Dinge ergeben am Ende das große Ganze. Ich wünsche Ihnen auf Ihrem Weg Kraft, Mut, Durchhaltevermögen und jede Menge Motivation, damit Sie Ihre Ziele erreichen und Ihre Wünsche erfüllen können.

Vielen Dank, dass Sie sich für meinen Ratgeber entschieden haben. Ich hoffe, Ihnen damit sehr viel nützliches Wissen und zahlreiche Tipps und Tricks mit auf den Weg gegeben zu haben.

Workbook Persönlichkeitsentwicklung

Die vergangenen Seiten haben Ihnen sehr viel Informatives rund um das Thema Persönlichkeitsentwicklung geboten. Die 30-Tage-Challenge zeigt Ihnen verschiedene Übungen auf, welche Sie an den einzelnen Tagen anwenden können. Zusätzlich möchte ich Ihnen ein Workbook zur Verfügung stellen, welches weitere 30 Übungen für Sie bereithält und in dem Sie sich außerdem eigene Notizen machen können. Ich wünsche Ihnen auf Ihrem Weg weiterhin viel Erfolg.

TAG 1

Die heutige Aufgabe:

Gehen Sie eine Verpflichtung ein. Hierfür ist es wichtig, das eigene Ziel schriftlich zu formulieren und das Geschriebene auch zu unterschreiben.

Anmerkungen:

TAG 2

Die heutige Aufgabe:

Übernehmen Sie die Verantwortung für Ihr Handeln. Für die Entwicklung der eigenen Persönlichkeit spielt dies eine sehr wichtige Rolle. Schauen Sie nicht auf das, was andere Menschen machen, sondern nur auf sich selbst. Erwarten Sie nicht zu viel von anderen, sondern viel mehr von sich selbst. Auf diese Art und Weise können Sie die Selbstwirksamkeit in Ihr Leben holen.

Anmerkungen:

TAG 3

Die heutige Aufgabe:

Lesen Sie, und zwar jeden Tag. Das Lesen selbst hat einen sehr hohen Wert, denn man lernt etwas dazu und gewinnt außerdem an Weisheit. Durch das Lesen von Büchern kann es Ihnen gelingen, die ungesunden Denkmuster zu durchbrechen und dauerhaft für positive Glaubenssätze zu sorgen.

Anmerkungen:

TAG 4

Die heutige Aufgabe:

Bewegung und gesunde Ernährung stehen auf dem Programm.

Fangen Sie damit an, mehr Wert auf die gesunde Ernährung und ausreichend Bewegung zu legen. Das fördert auch das Wachstum Ihres Geistes. Demzufolge dient das ebenfalls der Persönlichkeitsentwicklung.

Diese Aufgabe bedeutet nicht, dass Sie von nun an nur noch Obst und Gemüse essen sollen oder sich jeden Tag mindestens eine Stunde sportlich verausgaben müssen. Beginnen Sie, sich zu informieren, und probieren Sie sich aus. Nutzen Sie die folgenden Zeilen, um sich dazu Notizen zu machen.

Anmerkungen:

TAG 5

Die heutige Aufgabe:

Legen Sie sich ein Tagebuch an!

Tatsächlich fördert ein Tagebuch die Persönlichkeitsentwicklung ungemein, denn das Geschriebene kann später zur Selbstreflexion genutzt werden. Sie halten darin außerdem Ihre eigenen Fortschritte fest und können sich all Ihre Sorgen einfach von der Seele schreiben. Das hat eine überaus positive Auswirkung auf den inneren Frieden.

Lassen Sie sich von großen Persönlichkeiten inspirieren, denn sehr viele von ihnen schrieben ebenfalls Tagebuch.

Anmerkungen:

TAG 6

Die heutige Aufgabe:

Schon bald werden Sie Ihr zukünftiges Ich sein. Damit Sie in Ihrer zukünftigen Version mindestens genauso gut sein werden, wie Sie es sich bereits ausmalen, schreiben Sie heute einen Brief an Ihr zukünftiges Ich. Dieser kann folgende Punkte enthalten:

- Wer sind Sie zum jetzigen Zeitpunkt?
- Welche Ziele verfolgen Sie?
- Welche Wünsche haben Sie?
- Welche Aspekte haben Sie hinter sich gelassen?
- Schreiben Sie, wie Ihre Reise zu einer starken Persönlichkeit begonnen hat.
- Halten Sie Tipps und Ratschläge für Ihr zukünftiges Ich bereit.

Ich bin mir sicher, dass Ihnen noch viele Dinge einfallen werden.

Anmerkungen:

____

____

____

____

____

____

TAG 7

Die heutige Aufgabe:

Verreisen Sie! Damit ist nicht unbedingt ein 14-Tage-Urlaub in der Toskana oder auf den Malediven gemeint. Reisen beginnt schon ganz im Kleinen. Machen Sie einen Ausflug in die Natur, sehen Sie sich kulturelle Dinge an oder besuchen Sie die Oper. Ihnen stehen alle Türen offen. Reisen lassen uns auf eine ganz besondere Art und Weise wachsen.

Wie hat Ihnen Ihr Ausflug gefallen?

Anmerkungen:

TAG 8

Die heutige Aufgabe:

Finden Sie Ihren eigenen Weg.

Hinterfragen Sie, in welcher Beziehung Sie Wachstum anstreben. Möchten Sie Ihrem Chef besonders nützlich sein? Wollen Sie Ihren Partner rundum zufriedenstellen? Möchten Sie genauso werden wie eine bestimmte berühmte Person, die Ihnen gefällt? Gehen Sie in sich und hinterfragen Sie Ihre Motive. Auf den folgenden Zeilen finden Sie Platz, um sich dazu ausreichend Notizen zu machen.

Anmerkungen:

TAG 9

Die heutige Aufgabe:

Tun Sie etwas Neues!

Schon immer wollten Sie ausprobieren, ob Sie vielleicht auch ein Makramee-Schmuckstück herstellen können? Vielleicht wollten Sie auch damit beginnen, Tennis spielen zu lernen. Heute ist der richtige Zeitpunkt dafür gekommen. Machen Sie sich Gedanken, was Sie schon immer einmal versuchen wollten, und setzten Sie alle Hebel in Bewegung, dies noch heute zu starten.

Anmerkungen:

TAG 10

Die heutige Aufgabe:

Train the brain!

Gehirnjogging kann Wunder bewirken. Fangen Sie an, Ihre Gehirnzellen von nun an täglich zu trainieren. Dies können Sie durch Gespräche mit anderen Menschen, Lesen fachlicher Artikel oder auch durch das Spielen von Computerspielen erzielen. Suchen Sie sich etwas aus, was Sie täglich in Ihren Tagesablauf integrieren können oder was Ihnen am besten liegt.

Anmerkungen:

TAG 11

Die heutige Aufgabe:

Status quo checken!

Heute ist es an der Zeit, die eigenen Werte zu definieren. Was macht Sie besonders wertvoll? Was können Sie bereits richtig gut? Was möchten Sie noch verstärken? Machen Sie sich dazu Notizen, um später zu schauen, was sich verändert hat.

Anmerkungen:

TAG 12

Die heutige Aufgabe:

Erfolge in den Fokus rücken

Ein täglicher Tagesrückblick kann sehr gut dabei helfen, das Positive zu erkennen und in den Mittelpunkt zu stellen. Jeder Mensch erzielt täglich Erfolge, auch wenn es nur ganz kleine sind. Sie sind ebenso von Bedeutung und oftmals sogar noch viel wichtiger als die großen Erfolge, denn sie ebnen den Weg.

Anmerkungen:

TAG 13

Die heutige Aufgabe:

Die eigenen Kompetenzen erhöhen

Die eigenen Werte und Fertigkeiten haben Sie bereits näher durchleuchtet. Jetzt geht es darum, diese zu erweitern. Bemühen Sie sich in der Woche mehrmals darum, Ihre Fertigkeiten noch mehr auszubauen und so weiter vorwärtszukommen. Sie werden sehen, das gibt dem Wachstum Ihrer Persönlichkeit noch einmal einen richtigen Schwung. Machen Sie sich gern Notizen dazu, welche Fertigkeiten Sie verbessern wollen und wie Sie das anstellen könnten. Zudem können Sie auch Ihre Erfahrungen diesbezüglich niederschreiben.

Anmerkungen:

TAG 14

Die heutige Aufgabe:

Respektieren Sie sich!

Selbstverurteilung ist ab heute tabu! Hören Sie auf, sich stets und ständig für Kleinigkeiten zu kritisieren. Richten Sie Ihren Fokus auf die positiven Aspekte Ihres Lebens und erfreuen Sie sich daran.

Notieren Sie, was Sie in den letzten Tagen, Monaten oder Jahren ganz besonders glücklich machte:

____

____

____

____

____

____

Wie können Sie Ihr Glück dauerhaft festhalten?

____

____

____

____

____

____

Anmerkungen:

____

____

____

____

____

____

TAG 15

Die heutige Aufgabe:

Den eigenen Horizont erweitern

Manchmal nimmt man an, in bestimmten Bereichen alles zu wissen oder zu können, doch das Leben lehrt uns, dass man nie auslernt. Besuchen Sie einen Kurs an der Volkshochschule, melden Sie sich zu Online-Seminaren an oder nehmen Sie an Gruppentreffs zu bestimmten Themen, die Sie interessieren, teil. Sie werden sehen, es wird immer etwas geben, das man dazulernen kann.

Anmerkungen:

TAG 16

Die heutige Aufgabe:

Vergeben und verzeihen!

Manchmal sind die Mitmenschen ziemlich gemein und sorgen ständig dafür, dass man sich schlecht fühlt und am liebsten alles hinwerfen will. Nehmen Sie sich nicht alles immer so extrem zu Herzen und fangen Sie damit an, Ihren Peinigern zu vergeben. Hilfreich ist, sich immer wieder ins Gedächtnis zu rufen, dass auch die Peiniger nur Menschen sind und ihnen wahrscheinlich selbst eine Laus über die Leber gelaufen ist.

Das Verzeihen wird Sie schon bald von Hass, Enttäuschung und Zorn befreien.

Anmerkungen:

TAG 17

Die heutige Aufgabe:

Glaubenssätze überprüfen

Welche Glaubenssätze haben sich in Ihrem Gedächtnis verankert? Hören Sie intensiv in sich hinein und schreiben Sie die negativen Glaubenssätze auf. Machen Sie sich außerdem Gedanken dazu, wie Sie diese positiv ersetzen können.

Negative Glaubenssätze:

Positive Glaubenssätze:

Anmerkungen:

TAG 18

Die heutige Aufgabe:

Die heilige Komfortzone verlassen

Auch wenn sich hier alles schön und sicher anfühlt, sollten Sie ab heute mindestens zweimal pro Woche die Komfortzone verlassen und etwas Neues oder Beängstigendes angehen. Schon allein die Tatsache, dass Sie sich dem stellen, wird Ihre Persönlichkeit wachsen lassen.

Anmerkungen:

TAG 19

Die heutige Aufgabe:

Einmal am Tag etwas Gutes tun!

Wenn man andere unterstützt, stärkt das die Persönlichkeit und man kann wachsen. Einmal am Tag kann jeder Mensch etwas Gutes tun. Sie können das auch anonym machen und sich an der Reaktion anderer erfreuen. Schreiben Sie auf, wem und wie Sie dieser Person etwas Gutes tun können:

Anmerkungen:

TAG 20

Die heutige Aufgabe:

Raus aus dem Bett!

Der frühe Vogel fängt den Wurm. Nutzen Sie die Chance, Ihr bestmögliches Potenzial aus einem Tag herauszuholen, indem Sie zeitig aufstehen. So können Sie nicht nur mehr Aufgaben erledigen, sondern auch genug Zeit finden, sich zu verwöhnen.

Notieren Sie fünf Tagesziele:

Wie hat Ihnen dieser Tag gefallen?

Anmerkungen:

TAG 21

Die heutige Aufgabe:

Der Kreativität freien Lauf lassen

Inspiration ist das A und O, wenn man seinen Geist und die eigene Persönlichkeit fördern will. Gestalten Sie sich heute einen Raum oder einen Platz in Ihrem Zuhause, der Sie zukünftig inspirieren soll. Ihrer Kreativität sind dabei keine Grenzen gesetzt. Sie können sich einen Wohlfühlraum einrichten, um die Gedanken fließen zu lassen oder um zu entspannen und sich zu sammeln. Durch diesen Ort können Sie Ihre Stimmung heben, was sich wiederum positiv auf Ihre Persönlichkeitsentwicklung auswirkt.

Ihre Ideen:

Anmerkungen:

TAG 22

Die heutige Aufgabe:

Sport

Bewegung tut jedem gut, auch der Entwicklung der eigenen Persönlichkeit. Nehmen Sie sich zehn Minuten Zeit und machen Sie fünf einfache Übungen. Füllen Sie am Abend die folgenden Zeilen aus.

Fünf Übungen:

Wie startete Ihr Tag nach den sportlichen Übungen? Welche zehn Übungen möchten Sie künftig jeden Morgen machen?

Anmerkungen:

TAG 23

Die heutige Aufgabe:

Struktur und Ordnung schaffen

Nehmen Sie sich vor, ab heute jeden Abend den nächsten Tag grob vorzuplanen. Sie können auch gern ins Detail gehen. Wichtig ist, dass Sie sich darüber bewusst sind, dass immer etwas Unvorhergesehenes geschehen kann. Verurteilen Sie sich also nicht, wenn nicht alles erreicht wird. Dem kann man abhelfen, indem man sich nicht zu viel auf einmal vornimmt.

Notieren Sie sich hier fünf Tagesziele:

Was wollen Sie in den nächsten Tagen und Wochen erreichen?

Anmerkungen:

TAG 24

Die heutige Aufgabe:

Manche Menschen haben eine extrem negative Wirkung auf die eigene Stimmung. Sicher kennen Sie ebenfalls solche Personen. Beginnen Sie damit, diese Menschen weitestgehend zu meiden. Auf der Arbeit lässt sich dem Kontakt zu diesen Menschen nicht immer ausweichen, aber Sie können sich dennoch genug Distanz zu ihnen aufbauen. Gehen Sie in sich und überlegen Sie, wer Sie negativ beeinflusst und wie Sie diese Personen bestmöglich auf Abstand halten können.

Wer beeinflusst Ihre Stimmung negativ?

Wie können Sie Abstand schaffen?

Anmerkungen:

TAG 25

Die heutige Aufgabe:

Relaxen, träumen, genießen

Heute ist „Couchtag“! Lassen Sie nach der Arbeit einfach die Seele baumeln und gönnen Sie sich Ruhe und Entspannung. Hören Sie Musik, lesen Sie, schauen Sie TV. Genießen Sie einfach mit vollem Einsatz Ihren Feierabend.

Wie haben Sie sich heute gefühlt?

____

____

____

____

____

____

Wann können Sie einen solchen Tag wieder einplanen?

____

____

____

____

____

____

Anmerkungen:

____

____

____

____

____

____

TAG 26

Die heutige Aufgabe:

Öffentlich reden

Wer öffentlich spricht, lernt, seine Ängste nach und nach einzudämmen, und kann über sich hinauswachsen. Fangen Sie klein an, dies zu trainieren. Halten Sie beispielsweise eine kleine Ansprache vor dem Abendessen mit Ihrer Familie.

Wie haben Sie sich dabei gefühlt?

Anmerkungen:

TAG 27

Die heutige Aufgabe:

Dem Geist etwas Gutes tun!

Sorgen Sie auch dafür, dass sich Ihr Geist entspannen kann. Hierfür eignen sich Meditation, Yoga, autogenes Training oder lange Spaziergänge ganz gut. Suchen Sie sich etwas aus und fangen Sie noch heute damit an.

Wie fühlt es sich an, die Gedanken einfach mal loszulassen?

Anmerkungen:

TAG 28

Die heutige Aufgabe:

Zeitfressern den Kampf ansagen

Wir alle haben etwas, das uns die Zeit raubt, welche wir für wichtige Dinge und allem voran uns selbst nutzen könnten. Reflektieren Sie Ihren Tagesablauf und schreiben Sie die Dinge auf, die Ihre Zeit fressen. Machen Sie sich außerdem Gedanken darüber, wie Sie Ihre Zeit zukünftig sinnvoll einteilen und planen können.

Was frisst Ihre Zeit?

____

____

____

____

____

____

Wie können Sie Ihre Zeit zukünftig sinnvoll nutzen?

____

____

____

____

____

____

Anmerkungen:

____

____

____

____

____

____

TAG 29

Die heutige Aufgabe:

Ein Modell für die Zielerreichung nutzen

Auch Sie haben in Ihrem näheren Umfeld Menschen, die eine unglaubliche Persönlichkeit haben und vor Selbstbewusstsein und Selbstvertrauen nur so strotzen. Sprechen Sie mit Ihnen und fragen Sie, was diese machen, um ebendieses Leben zu führen. Sie müssen es nicht genauso machen. Diese Übung dient lediglich zur Anregung, um zu schauen, wie man seine Lebensweisen optimieren kann.

____

____

____

____

____

____

Beschreiben Sie, wie Sie bisher durchs Leben gingen und nicht mehr gehen wollen:

____

____

____

____

____

____

Anmerkungen:

____

____

____

____

____

____

TAG 30

Die heutige Aufgabe:

Mit der 30-Tage-Challenge starten

Die 30 Tage können Sie locker schaffen! Kleiner Tipp am Rande: Suchen Sie sich einen Mitstreiter, denn so können Sie sich gegenseitig motivieren.

Anmerkungen:

Quellen

- https://wien.orf.at/v2/radio/stories/2553573/
- https://zeitzuleben.de/persoenlichkeitsentwicklung/
- https://www.flowfinder.de/persoenlichkeitsentwicklung/#vier

Die Links wurden am 25.01.2022 aufgerufen.

Wir danken Ihnen für Ihr Interesse und Ihr Vertrauen. Als Dankeschön dafür, haben wir eine besondere Überraschung. Wir haben einen **ultimativen Guide, um ein „neuer“ Mensch zu werden - Inklusive 30 Tage Challenge, um alte Gewohnheiten abzulegen.** Und diesen erhalten Sie vollkommen kostenlos. Das klingt wunderbar? Dann warten Sie nicht lange und holen Sie sich Ihr Gratis-Geschenk.

Hier geht es zu Ihrem Gratis-Geschenk:

https://forms.gle/mocvT7uQ4qLRyAta8

1. **Öffnen Sie die Kamera-App auf Ihrem Smartphone und richten Sie die Kamera auf den QR-Code.**
2. **Klicken Sie auf den Link, der Ihnen angezeigt wird und schon werden Sie zur Website weitergeleitet.**

Impressum

Herausgeber: Pegoa Global Media GmbH / Am Sandtorkai 27 / 20457 Hamburg
Kontakt: kontakt@pegoamedia.de
Coverbild: Shutterstock

Haftungsausschluss:
Die Nutzung dieses Buches und die Umsetzung der enthaltenen Informationen, Anleitungen und Strategien erfolgt auf eigenes Risiko. Der Autor kann für etwaige Schäden jeglicher Art aus keinem Rechtsgrund eine Haftung übernehmen. Haftungsansprüche gegen den Autor für Schäden materieller oder ideeller Art, die durch die Nutzung oder Nichtnutzung der Informationen bzw. durch die Nutzung fehlerhafter und/oder unvollständiger Informationen verursacht wurden, sind grundsätzlich ausgeschlossen. Rechts- und Schadenersatzansprüche sind daher ausgeschlossen. Dieses Werk wurde sorgfältig erarbeitet und niedergeschrieben. Der Autor übernimmt jedoch keinerlei Gewähr für die Aktualität, Vollständigkeit und Qualität der Informationen. Druckfehler und Falschinformationen können nicht vollständig ausgeschlossen werden. Es kann keine juristische Verantwortung sowie Haftung in irgendeiner Form für fehlerhafte Angaben vom Autor übernommen werden. Die bereitgestellten Analysen, Vorschläge, Ideen, Meinungen, Kommentare und Texte sind ausschließlich zur Information bestimmt und können ein individuelles Beratungsgespräch nicht ersetzen. Alle Informationen dieses Buches entsprechen dem Kenntnisstand zum Zeitpunkt des Verfassens dieses Buches. Eine Haftung für mittelbare und unmittelbare Folgen aus den Informationen dieses Buches ist somit ausgeschlossen.
Informieren Sie sich weitläufig aus unterschiedlichen Quellen und bedenken Sie, dass am Ende nur Sie für die Entscheidungen verantwortlich sind.

Haftung für externe Links:
Unser Angebot enthält Links zu externen Websites Dritter, auf deren Inhalte wir keinen Einfluss haben. Deshalb können wir für diese fremden Inhalte auch keine Gewähr übernehmen. Für die Inhalte der verlinkten Seiten ist stets der jeweilige Anbieter oder Betreiber der Seiten verantwortlich. Die verlinkten Seiten wurden zum Zeitpunkt der Verlinkung auf mögliche Rechtsverstöße überprüft. Rechtswidrige Inhalte waren zum Zeit-punkt der Verlinkung nicht erkennbar.

WirmachenDruck.de
Sie sparen, wir drucken!